美容、ファッション、ダイエット、etc.

本当の美人は、あえてこれを選んでいる

Beauty, Fashion and Diet, etc.
Anyway a true beauty chooses this.

ダイエットコーチ EICO

大和出版

本当の美人は、「小さな選択」で作られている——はじめに

キレイが一生続く「本当の美人」と、キレイになっても3日ももたない「普通の美人」。

何が違うと思いますか？

実は、この違いは何かというと、「選択」です。

人は1日に何千回も選択するそうです。

例えば、「今日はどんな服を着ようかな」「チークは何色？」「今朝はパン？　ごはん？」etc.……。

毎日の何気ない選択の積み重ねが、私たちの外見や内面を作っています。

キレイになっても3日ももたない女性は、おそらく「自分に合わない選択」をして

います。

つまり、自分の性格と真逆の選択や、金銭的に続かない選択、ガマンを重ねる選択……。だから、キレイを維持するのが難しいのです。

では、「本当の美人」の選択とは、どんなものなのでしょう？

スタイルのいい美人が、キレイの秘訣を聞かれて「何もしていないよ」なんて答えていることがありますよね。

その言葉は本当でもあり、嘘でもあります。

以前、「電車で移動するとき、エスカレーターを使わず、いつも階段で移動している」というモデルの方に会いました。

彼女にとってはそれが当たり前であり、普通の選択なのです。

私が「努力しているんですね。尊敬します」と言うと、「忙しくて運動する時間がとれないし、階段を使わないともったいないじゃないですか」だそう。

ごもっとも。

こうした彼女の選択は、毎日当たり前のようにしていることであり、習慣です。この習慣の違いで、キレイが一生続くかそうでないかがわかれてしまいます。

彼女は、歩くのが好きだから、「階段を使う」という選択をしている。

もし彼女が、特に好きでもないのに、ジムに行ってエクササイズをするなど、自分に合わない選択をしていたら、彼女のキレイは3日ももたなかったかもしれません。

私たちは、毎日、無意識に、自分だけの習慣をこなしています。

階段を使うモデルの方は、「面倒くさいけど、頑張って階段を上ろう！」なんて意識していないのです。

毎日歯を磨くような感覚に近いのかもしれません。習慣として身についているから歯を磨く――。それと同じように、太るのがイヤだから階段を使っているのです。

「当たり前」と思っていることは、人によって違うけれど、その「当たり前」の選択の積み重ねで、外見や考え方ができている――。こんなふうに、本当の美人とそうでない人の違いは、ちょっとしたことにあります。

申し遅れました、ダイエットコーチＥＩＣＯと申します。

この本を手に取って下さり、ありがとうございます。

美人をテーマとした本を書くことにしたのは、理由があります。それは、私は72kgのおデブで、おしゃれやメイクなど、キレイになることに無頓着だった過去があるから。

当時は、キレイになろうとして外見を磨くのは、人に媚びているようでイヤだと考えていました。

そんな私が20kgやせた翌年に、準ミス日本という光栄な賞をいただいたんです。

一念発起をしたのは、通りすがりの人が私を見て言った、「あの人、足が象みたい」という一言です。

「なぜ外見だけで自分を判断されなきゃいけないの……。外見がそんなに大事なら、外見を変えてみせる！」

こんなふうに、私が美に目覚めたのは、ポジティブな理由でなく、ネガティブな理由だったと言えます。

でも、人が見た目で判断するのは、本当でした。おブスと準ミス日本を両方体験した私だからわかります。

自分のことを振り返ると、おデブでおブスだった頃は、人に会うのも怖かったように思います。

「太っている姿を見られたくない」「プライドを傷つけられたくない」という気持ち、そして「ひとつのこと＝ダイエットをやり遂げられないダメな私」という自己嫌悪が私を卑屈にさせ、人と接する自信がなかったのです。

太っていた頃、やせれば自然とキレイになって垢抜けると思っていましたが、実際は違いました。

やせてスタイルはよくなったけれど、思い描いていたキレイには、ほど遠い。おしゃれやメイクはどうしていいかわからない。

やせた後に、キレイを磨く方法を身につけていく過程で、本当の美人だけがやっている日々の選択について、知ることができました。

私はキレイな人たちの「選択」を意識して自分を変えていきましたが、それらはないも難しいことなどなく、ハードルが低いことばかり。やがて、当たり前のように

「本当の美人の選択」を実践するようになりました。
この本では、その「選択」について詳しく書いていきます。

あなたも、まだキレイの才能を埋もれさせているだけ。
あなただけが持っているキレイが、必ずあります。諦めるのはまだ早い。
あなたが変わる選択の仕方をこの本に詰め込みました。
さあ、一緒に、「本当の美人」への扉を開けましょう。

ダイエットコーチ　ＥＩＣＯ

本当の美人は、あえてこれを選んでいる

目次

はじめに
本当の美人は、「小さな選択」で作られている

Chapter 1
本当の美人は、「スリムなカラダ」を手に入れている

01 着たい服を着るのは、やせる前？ やせてから？ —— 16
02 ダイエットは意思が大事？ 環境が大事？ —— 22
03 ジムで走る？ ウォーキングする？ —— 28
04 部分やせって難しい？ 簡単？ —— 34
05 食事は、時間を決めて食べる？ お腹が空いたときに食べる？ —— 40
06 ダイエットが続かないのは方法のせい？ 心がまえのせい？ —— 46
本当の美人になる column01 「変わりたいなら、今しかない」

Chapter 2 本当の美人は、「おいしいごはん」をちゃんと食べている
07 お肉は食べていい？ 食べない方がいい？ —— 54
08 帰宅が深夜になる場合、夕飯を食べる？ 食べない？ —— 60
09 ダイエット中は飲み会に行く？ 行かない？ —— 66
10 野菜ジュースは健康にいいの？ あまりよくない？ —— 72
11 お酒は飲んでいい？ 控えるべき？ —— 78
12 お腹が空いたら我慢？ ちょっとでも食べる？ —— 84
本当の美人になる column02 「楽しいからキレイが続く」

Chapter 3 本当の美人は、「自分の強み」を知っている
13 キレイって生まれつきのもの？ 頑張って手に入れるもの？ —— 94
14 コンプレックスを隠す？ コンプレックスを活かす？ —— 100

15 環境を変えればキレイになれる？ 自分を変えればキレイになれる？ —— 106
16 キレイになって変わるのは自分自身？ 他人からの目線？ —— 110
17 今の自分を幸せだと思える？ 思えない？ —— 116
18 実年齢を気にした方がいい？ 気にしない方がいい？ —— 122
本当の美人になる column03 「不安をバネにする」

Chapter 4 本当の美人は、「演出」にとことんこだわる

19 写真うつりの悪さはカバーする？ しない？ —— 128
20 キレイは自己流？ プロの手を借りる？ —— 134
21 パーティで着るのはゆったりしたワンピ？ カラダのラインが出るワンピ？ —— 138
22 キレイになれれば幸せ？ 幸せじゃない？ —— 142
23 キレイな友人を参考にする？ キレイな人の写真集を参考にする？ —— 146
24 美肌を目指す？ 全身肌美人を目指す？ —— 150

本当の美人になる column04 「自分磨きを習慣にする」

Chapter 5 本当の美人は、「後悔のない人生」を送る

25 自分へのご褒美はお菓子？ 美容グッズ？ —— 156
26 いい男と恋愛すればキレイになれる？ キレイになればいい男と恋愛できる？ —— 160
27 安定した人生を選ぶ？ 自由な人生を選ぶ？ —— 166
28 他人と自分を比べる？ 比べない？ —— 172

本当の美人になる column05 「無理して自分を変えない」

おわりに 毎日を少しずつ変えていこう

本文デザイン　菊池 祐（株式会社ライラック）

Chapter

1

本当の美人は、**スリムなカラダ**を手に入れている

01

着たい服を着るのは、
やせる前？
やせてから？

雑誌を開けばダイエット特集、駅のポスターにはジムでダイエットのススメ……。ダイエットという言葉を目にしないことがないくらい、街にはダイエットが溢れています。

多くの女性はダイエットに興味を持ち、自分のブラッシュアップに余念がありません。日本だけでなく、世界中の女性が同じように考えているそうです。

でも、なぜそこまでやせたいのでしょうか？

そもそもダイエットへの意識は、男女で異なります。

男性のダイエットの目的は「健康」や「異性の目」がほとんど。それに比べて、女性の場合は、高脂血症など健康診断に影響が出るほど太っている人は、多くありません。

男性から「そんなにやせなくてもいいんじゃない？」と言われても、女性は、ダイエットに励みます。

私はダイエット指導の最前線で、担当する女性に、何のためにやせたいのかを聞いてきました。なんと、皆が口を揃えて言ったのは「ファッションを楽しみたい」でした。

それは、「着られる服を着るのではなく、着たい服を着てみたい」という気持ち。

私もそうでした。太っていたとき、着たい服や流行りの服が入らなかったことが何度もあるからです。

服が入らないという現実は、「女性として規格外」だと世間から突きつけられたみたいで、とても傷つきました。

流行の服を手に取り、試着室に入り、ファスナーがしまらず、ショックを受けて、店員さんに申し訳なさそうに「似合わなかったので」と服を返す……。

「服が入らなかった」という事実は、店員さんにはバレなくても、自分はしっかり覚えています。それが続くと自信がなくなり、試着が怖くなり、着たい服ではなく、今のカラダに合う服や、やせて見える服ばかりを選ぶようになります。

いつも同じような服を着ていたので、誰かに会いたいとも思わず、「やせていたらこんな毎日じゃないのに……」と、スタイルがいい女性を見ては、ため息をついていました。

自分が着たいと思う服を着ることは、何気ない毎日に彩りを添えてくれます。

あなたは、美容院に行った帰り道などに、「このまま帰宅するのはもったいない」と思ったことはありませんか？　キレイにしてもらっているから、街へ出かけたり好きな人にバッタリ会わないかなとワクワクしたり。

好きな服を着るのも、同じです。好きな服を着ているとウキウキして外に出たくなる。誰かに会いたくなる。そうやって、毎日がキラキラ輝いていくのです。ファッションは、私たちを行動的にしてくれます。

女性は、好きな服を着て、キレイになって毎日楽しく過ごしたいから、ダイエットをするのです。ダイエットはいつ始めてもいいけれど、今着たい服は今しか着られません。

よく「やせたら、◯◯を着る！」という目標を立てる女性がいますが、あまりオススメしません。今の体型に不満があるけれど、具体的な不自由（お腹がつかえて靴下がはけない、体重が重くてイスが壊れる、など）はないから、やる気が出なくて、なかなかやせられない人が多いからです。「やせたら着る」と言い続けて、早5年なんてことになりかねません。

本当の美人は、自分が着たいと思う服を着ています。

早く好きな服が着たいなら、まずその好きな服を買って、着てみましょう。

脚を出すならショートパンツ、腕を出すならノースリーブのワンピースなど、本当に着たい服を着てみて姿見の前に立つことで、初めて「太ももの間に隙間を作りたい」というような、やせたい部位や変えたいところがわかります。

そうすると、やる気が出て、エクササイズなど具体的な方法に取り組むようになります。なぜなら、「すでに服を買ってしまった」から。「キレイになってその服を着ないともったいない」という発想に変わるのです。

私は、毎年4月に「夏リハーサル」をしています。夏に着る服を引っ張り出して着て、姿見の前でボディチェックをする。

夏本番になって着たときに、ブヨッとしたパーツが見つかっても手遅れですが、4月なら夏まで3ヶ月もある！　対策を練って目標を立ててエクササイズをしたり、食事の調整をしたら、夏にパーフェクトなボディを目指せるのです。

このように、早めのタイミングで服を着て、夏を迎えるための準備をする。

夏だけでなく、パーティや人に会う機会が多い冬や、新しい出会いがある春の前も同様。

着たい服を買うこと、早めに季節前リハーサルをすること。

是非取り入れてみてくださいね。

Beauty words

「やせたら着る」
ではなく、
好きな服は今すぐ着る。

02

ダイエットは意思が大事？
環境が大事？

ダイエット成功を拒むもの、それは「面倒くさい」という気持ち。

面倒くさがり屋だからこそ、自己管理を後まわしにして太ったわけです。キレイになりたいけれど、やせたいけれど、忙しいし、面倒くさい。まさに私がそうでした。

そして、面倒くさがる自分や、キレイになりたいのにサボってしまう自分に嫌気がさしたり、落ち込んでしまう。ときには涙してしまう日もあるかもしれません。

ダイエットを成功させて、本当の美人を目指すなら、続けることが大切です。

投げ出してしまいそうになったときに、思い出してほしいことがあります。

「ダイエットは、人にさせられてやることじゃない。自分が、キレイになりたくて、自発的にやるもの。だからダイエットは、あくまで趣味でしかない」

悲壮感を漂わせながらダイエットをする人がいますが、習い事のダンスやフラワーアレンジメントなら、そうではありませんよね。自分を磨くためなのに、辛い思いはしなくていいのです。

太りたくなくても太ってしまう理由は、「食欲は満たすのがとても簡単」だから。

ストレスが溜まったら、食に走りたくなる気持ちはわかります。

疲れていたり、落ち込んでいたら、ついお菓子を口に運んでしまうことも……。

満腹は、一番わかりやすい満足感です。満たされない心を、「食べること」で補おうとするために、食べすぎてしまう。でも、心を満たすことは、食べ物以外でもできるはず。あなたが本当にほしいのは、癒しなのではないですか？

自分の性格、習慣、考え方のクセは、ある日突然変わるものではないのです。待っていても変わりません。

今の自分を好きになれないなら、「面倒くさいからやらない」では、ずっと好きになれないままです。わかっていても、面倒くさがる性格は変わることはありません。

では、どうしたらいいでしょう？

自分のクセを把握して、面倒くさくてもやらなければいけない環境を作る。これに尽きます。

「ダイエットに成功しないのは、私の意思が弱いから。こんな自分がイヤで落ち込む」という相談を受けますが、意思が強ければ、太っていないんだから、そもそも意思に頼るのが間違っているんですね。

意思が弱くても、行動せざるを得ない環境を作ることに発想を変えてみましょう。

当時72kgで、面倒くさがり屋の私は、最後のダイエットをするときにこのように環境を変えました。

● **玄関に体重計を置いた**

⬇ 体重を計らないと部屋に入れないルール。計るしかありません。

● **部屋に4台、姿見を置いた**

⬇ 部屋でドカ食いしていたら、必ず自分の姿が視界に入る。客観的に自分を見ることで、自分が怖くなり、劇的にドカ食いが減りました。

● **冷蔵庫に自分の太った写真を貼った**

⬇ 開けづらい……。なんとなく冷蔵庫を開けるクセがなくなりました。

● **電車もバス停もない場所でバイトを始めた**

⬇ 歩くしかない。早く歩かないと遅刻するような時間に、わざと家を出ることで自動的に早歩きになりました。

● **仕事に行くときに余分なお金を持たない**

⬇ 帰り道にお菓子を買わなくなった。余分なお金を持つと、安売りのお菓子などをつい買ってしまうためです。

● **トレーニング時に鳴るように携帯電話のタイマー機能を使う**

⬇ 22時に「トレーニング」と知らせるように携帯電話でタイマーをかけたが、それでも面倒くさくなったので、「また諦めるんだね」というフレーズでタイマー。

負けん気が出てトレーニングが続きました。

●「食事ノートを書いたら、ごはんを食べていい」というルールにする

⬇食事の記録をつけるのが面倒くさくなってきたので、書かないと食べられないというルールにしたら、無理なく書けました。

最初の3ヶ月はこんな感じです。

あなたも、どうしたら自分がその行動をするかを考えましょう。3ヶ月続けられたら習慣になり、頑張らなくても自然にできるようになります。

体重も落ちるので、楽しくなってきたらしめたもの。この先はゲーム感覚になっていきます。

面倒くさくても、やらざるを得ないようにしていけば、少しずつ面倒くさがり屋の自分から脱却でき、本当の美人に近づけます。アイデア勝負ですよ。

Beauty words

意思ではなく、
環境づくりが
美人の秘訣。

03

ジムで走る？
ウォーキングする？

「やせてキレイになりたい」と思うとき、あなたはどんな運動をしますか？

実は、多くの人がダイエットのための運動を選ぶ際に、無意識に「1回あたりの消費カロリー量が多い運動」を基準にします。

30歳で体重50kgの女性の場合、

ジョギング　60分　437kcal

徒歩　　　　60分　102kcal

ジョギングの方が、消費カロリーは多いですね。

では、ジョギングを選べばいいのかというと……。ちょっと待ってください。

あなたは走るのが好きですか？　もし、好きならジョギングを選ぶ方がいいと思います。でも、やせたいと思っている人の中には、運動がキライな人が多いのも事実。

走るのが大きな負担と思っている人の場合、ジムに行く度に60分間も走り続けられるでしょうか？「無理かも」と思った人は、やめた方がいいでしょう。

体脂肪1kgを減らすためには、7200kcalを消費する必要があるので、その運動を継続できるかどうかが、やせるためには重要です。

ダイエットしてもリバウンドを繰り返す人に「今やっている運動をやめたい？」と聞くと「ダイエットのためにやっているだけで、できればやめたい」と答えます。

スタイルのいい〝本当の美人〟に同じ質問をすると、答えは「好きだからやめたくない」。

運動をダイエットのためと思っているうちは、楽しくないし、つまらないからやめたくなってしまう。続けられる運動を選ぶための基準は「好きなもの」なのです。

ジム通いもダイエットのためと思っていると億劫になり、いろんな理由をつけて行かなくなってしまいます。

太っていた頃、私にとって運動は、まさにダイエットのため。

「キツイ＝やせる」と思っていた私に、ある事件が起こりました。一日中ジムで激しいエクササイズとランニングをした帰り道、たくさん運動した達成感から、ご褒美といって、豪華なパフェをペロリ……。特に食べたかったわけでなく、ただ「そのお店を見て、気になった」という理由でした。

つまり、その日運動して消費した以上のカロリーを摂取。その後も「あのとき、運動したし、忙しいから今度行こう」と、1ヶ月以上もジムに行きませんでした。

これ以外にも、何度も失敗を繰り返していたので、今までのキツイ運動ではなく、結局、歩くことを選びました。理由は「キライじゃない運動だったから」。

歩くことを日課にして、1ヶ月過ぎた頃から「キライじゃない」は「好き」になりました。そして、「歩かなきゃ」から「歩きたい」に変わりました。

やせて10年以上経った今も、歩くことは続けています。ダイエットのためではなく、好きでやっていたら、結果的にやせたという感じです。

もし、歩くのをやめろといわれたら、とても困ります。歩くことは、一番のストレス発散だから。前述のスタイルのいい女性が言っていたことを、私も無意識に言っていたのです。

ダイエットに成功するための運動に関して、継続のほかにも、「頻度」がポイントです。
1週間で消費するカロリーを考えてみましょう。
ジョギング（60分）　週1回　437kcal
ウォーキング（60分）　週5日　510kcal
積み重ねによっては、週ごとのカロリー消費量はウォーキングの方がアップします。
このウォーキングは、散歩程度の速度のカロリー消費量を明記したもので、早歩き（時速6㎞）になると、消費カロリーはなんと倍に。
「60分も運動の時間をとれない」という声も聞こえてきそうです。確かに、忙しいとまとまった時間はなかなかとれません。

だから、私はまとめて歩かずに、隙間時間に歩いています。

例えば、電車の待ち時間にホームを歩いたり、違う路線のホームまで行ったり……。買い物をするときは、スーパーの中を2周くらい見てまわってから買うと決めています。買い物後ではなく、身軽な買い物前に歩くのがポイント。

そうやって日常生活に組み込むようにすると、自然と運動の頻度は増えます。

まとまった時間がとれない人の目安は、時間ではなく、歩数。10分1000歩と思っていればOKです。60分は6000歩ですね。

私の場合は、歩数計やスマホのアプリを利用して、10000〜12000歩を目標にして歩いています。クリアをすることは、もはやゲーム。

よく驚かれるのですが、20kgやせる過程でも、現在でも、スニーカーとトレーニングウェアというような、「運動するような格好」で歩いたことはありません。

休日は、ショッピングモールや地下街などで着たい服を探しながら、たくさん歩くようにしています。とても楽しくて、運動した気がしないのに、1ヶ月の消費カロリー量は、ジムでジョギングするより増えています。

さあ、あなたも考え方をシフトして、楽しく歩いてキレイになりませんか？

Beauty words

始めやすく、
続けやすいのは、
ウォーキング。

04

部分やせって
難しい？
簡単？

「二の腕がもう少し細ければ、ノースリーブを着こなせるのにな」

「脚やせして、ショートパンツを履きたい！」

「お腹だけぽっこりで、デニムの上にお肉が乗っちゃう」

世の中では、部分やせについてさまざまな意見があり、「結局、部分やせはできるの？　できないの？」などと、困っている人がたくさんいます。

部分やせがどういうしくみかを説明する前に、まず体脂肪について知りましょう。

あなたは、自分の体脂肪率を知っていますか？

是非、この機会に、体組成計（体脂肪計）で量ってみてください。

量るタイミングは、朝起きて、トイレに行った後がいいでしょう。

体脂肪率は「生体インピーダンス法」といって、カラダに微弱な電気を流し、電気抵抗（インピーダンス）を利用して測定します。脂肪は電気を通しませんが、筋肉や水分は電気を通すため、お風呂上がりでカラダに水滴がついていたり、重力で体液が下垂している夜の時間帯は、正確なデータをとりにくいからです。

ちなみに、体脂肪率は、体重のうち、体脂肪の重さが占める割合のこと。50kgの女性で体脂肪率が26％の場合は、13kgの体脂肪量があるということです。

あなたが有酸素運動をして、脂肪燃焼をしたとしましょう。そのとき体脂肪は、全体的に消費されていきます。

腕をたくさん動かしたからといって、腕の脂肪だけが消費されることは、ありません。

有酸素運動を続けていくことで、体脂肪というワンピースを1枚ずつ脱いでいくようなイメージです。栄養は血液に乗って、全身くまなく巡っています。

ですから、一つのパーツに栄養が集中したり、偏ったりして太るというのは起こりにくいのです。

では、「部分やせ」できないのかというと、そうではありません。筋肉で気になるパーツを引き締めることでの「部分やせ」は可能です。

例えば、二の腕。力こぶがある上側は筋肉があるのに、下側がたるんでいませんか？　上腕三頭筋と呼ばれる下側の筋肉が少ないと、重力に負けて、脂肪がだらしなく垂れてしまうのです。そうなると、二の腕は太く見えます。

「筋トレって太くなりそう……」というイメージがあるかもしれませんね。

私も太っていた頃、筋トレに不信感がありました。見よう見まねで、ジムで重いウエイトを上げ下げして、数ヶ月後に「あれ？　体脂肪率が下がったのはいいけど、明らかに太ももがガッシリしてない？」なんてことがあったものです。

振り返れば、当時は、運動の種類によって、筋肉のつき方が変わるという大事なことを知らなかったんです。例えばスケートで考えてみると、フィギュアスケートとスピードスケートでは、カラダつきが異なります。前者は短い時間に瞬発的におこなう運動で筋肉が太くなりやすく、後者は呼吸を止めずに長時間おこなうもので筋肉が太くなりにくいしくみです。

部分やせで、二の腕や太ももを細くしたいなら、重いウエイトは必要なかったんです。選ぶべきは、道具を使わずに気になるパーツの筋肉を使う運動。

ここで、二の腕を鍛える方法を簡単にご紹介します。

【二の腕のエクササイズ】

1 親指を立てて人差し指を前方に伸ばし、残りの指は折りたたむ。

2 肘は少しだけ曲げて、体に沿わせるようにし、折りたたんだ中指・薬指・小指にギューッと力を入れて20秒。これを左右おこないましょう。（肘がカラダから離れないように気をつけて）。

慣れたら二の腕がプルプル震えるくらい力が入るようになります。

1日に何度おこなってもOKです。

電車に乗っているときや信号待ちの時間などの隙間時間におこなうことで、ノースリーブの似合う華奢な二の腕が作れますよ。

さらに、太ももに効くエクササイズも紹介します。

【太もものエクササイズ】

1 まっすぐに立ったら、右足を左足の前に一列になるように出します。

2 前に出した足の親指が天井を向くように足首を直角に。

3 直角に曲げた足首をキープしつつ、1~9の数字をかかとで数字を宙に描いていきます。膝を曲げないように、大きく書きましょう。左右おこなうこと。

太ももはもちろん、下半身全体の脂肪燃焼効果もあります。

気になるパーツのエクササイズをして、一生キレイな〝本当の美人〟を目指しましょう。

Beauty words

ただ運動するだけではなく、
パーツを鍛えること。

05

食事は、時間を決めて食べる？
お腹が空いたときに食べる？

リバウンドをする人とリバウンドをしない人には、違いがあります。

リバウンドをする人はダイエット前の生活が恋しい人で、リバウンドをしない人は、前の生活に二度と戻りたくないと思う人です。

私が72kgのおデブだった過去と52kgの現在（※身長172cm）で、太っていたときは、当たり前と思っていたことが、やせてみると全く違うとわかりました。

私は、ダイエット前の生活に戻りたいとは思いません。むしろ、ひどい栄養バランスで、運動もせず、あのまま過ごしていたら、今頃どうなっていたかと考えると、怖くなります。きっと、栄養不足と運動不足で、ずっとイライラしていて、体調不良が続き、情緒不安定だったと思います。

「ダイエットなんて何回失敗してもまたやればいい」と思っている人は、知らない間に、失敗に「慣れて」しまいがちです。

失敗に慣れると、何をしても成功率は下がり、挑戦を怖がるようになります。

「失敗が当たり前」と潜在意識下ですり込まれてしまうことで、ダイエットを何度やっても、うまくいかないようになってしまうのです。

「当たり前」と思う事柄は、おデブとスリムでは異なります。

ここで、太っていた当時の私が参考にした、本当の美人の発言をご紹介しましょう。

「太ってきたら、わざとスタイルがわかる服を着る」

逆転の発想でした。太ったら隠すのが当然と思っていたのに、わざと体型を出すことで自分にプレッシャーをかけるとのこと。

また、こんな発言もありました。

「ビュッフェって、決められた量を食べなくていいから好き」

ビュッフェは、元をとるためにたくさん食べるものと考えていた私は、驚きました。

ほかにも彼女は私に言いました。

「なんでお腹が空いていないのに食べるの?」

太っていたときは、お腹が空いていなくても、お菓子を食べたり、外食するのが当たり前。「目の前にある=食べる」ことに何の疑いも持っていないので、お腹が空いているかどうかを考えたことがなかったのです。スリムな人は、お腹が空いていない時間には、無駄食いをしない人がとても多いようです。

時間を決めて食事をとることは、カラダのリズムを守るために大切なこと。

でも、仕事をしていて、決まった時間に食事がとれないという方も多いはず。

基本として、7時、13時、19時のように食べる時間を決めておき、守れそうにないときは、この時間前後に、先に炭水化物(例えば、おにぎり)を食べておくことがべスト。

特に冷凍の焼きおにぎりは50gのものが多く、レンジで温めれば手軽にお米を食べられるので、重宝しています。一食のごはんの量は150gなので、3つが目安。小腹が空いたら、会社で1つだけ食べて、残り100gのごはんは家で食べるようにしています。


さらにモデル体型の友人はこのように言っていました。

「よく飲む物？　水かお茶かなー」

甘い味がついた飲み物ばかり飲んでいた私は、ドキッ!!　としました。味が濃い物でないと、おいしいと思わなくなっていたからです。

スリムな人いわく、「ごはんと一緒に、甘い物を飲んだら、料理のおいしさがわからないでしょ」との答え。当時の私は料理の味なんて考えたことがなかったので、知らないうちに食事の満足度が低くなっていたことに気づきました。

今では、私も水やお茶が好きになり、甘いドリンクは1週間に1度くらい、よっぽど飲みたいときだけにしています。

「時間あるから、一駅歩いていかない？」

私は時間があるなら、休憩したいと思っていました。喫茶店で甘い飲み物を飲みながら携帯で暇つぶしをしていた私に、歩くという選択肢は思いつきませんでした。

スリムな友人は「洋服屋さんに寄りたいんだよね」「あの花、キレイだねー！」「ここ、新しい美容院ができるんだって！」と歩きながら、いろんな情報をキャッチしていました。一緒に歩いていて、とても楽しかったです。

リバウンドを繰り返していた頃、私は「ダイエットのためだけに歩く」「ダイエットのためには寄り道禁止」などの厳しいルールを決めていました。結局、このルールが、歩くことを苦痛にしていたのですね。

スリムでキレイな〝本当の美人〟と一緒にいると、「キレイな理由」がわかりました。

美意識は対他人ではなく、対自分。自分が気持ちよく生きるための努力なんです。

自分がキレイになっていくことを感じると、楽しく、行動的になりますよ。

Beauty words

食事は、3食、
できるだけ
時間を決めてとる。

06

ダイエットが続かないのは
方法のせい？
心がまえのせい？

自分に合うダイエット方法が見つからないからやせられない、という悩みが、よく私の元に寄せられます。

確かに、ダイエットのメソッドは年々増えていき、数えられないほどあります。ダイエットグッズや本にも流行があり、何を選んでいいかわからないくらいですね。

一世風靡したダイエットメソッドの開発者が、リバウンドをしてしまったという話もよく聞きます。

どれが正しくて、何が自分に合う方法なのでしょうか。太った原因、プロセス、好きな食べ物や気になっているカラダの部位など、人によって異なります。

完全に同じ傾向で太っていたり、全く同じカラダを目標とする人はいません。脚やせしたい人もいれば、お腹やせをしたい人もいます。

本当の美人になるダイエットの基本を押さえましょう。それは「健康」。健康は食事・運動・休養の3本の軸で成り立っています。

食事は、低糖質だったり断食だったりと、流行がありますが、基本は炭水化物の主食、カラダの材料であるタンパク質、調整をするビタミンミネラルを含む副菜をそろえて食べること。流行の食事法は、これの応用です。

次に運動。運動の選び方は、あなたが好きなことで、続けられること。選ぶポイントとして、インストラクターのボディラインを参考にするのもいいですね。インストラクターは、その運動を続けた結果を体現しているからです。

バレリーナのような細くて引き締まったカラダを目指すなら、バレエエクササイズを、ベリーダンサーのような女性らしいカーヴィーなラインを作りたいなら、ベリーダンスを選ぶ……こんな選び方もオススメ。

私の場合は、いろんな方法を試した結果、一番シンプルな「歩くこと」を選びました。

連続で歩ける時間は少ないので、時間ではなく、歩数基準。毎日歩数計で、１２００歩以上歩くように実行しています。

おろそかになりがちだけど、休養は必須。入浴と睡眠も大事です。

入浴をシャワーだけですませていませんか？　38～41度のお湯に20分以上浸かることは、マッサージよりむくみ軽減に繋がると言われています。

そして、睡眠時間は6時間以上。睡眠は、筋肉や肌を作るだけでなく、精神的な安定にも影響を与えます。

私はこの3つの軸の「自分なりの弱点」を分析して、その対策を練り、毎日積み重ねました。そして、最後のダイエットに成功し、10年以上スタイルをキープしています。

新しいダイエット法は必要ありません。規則正しく自分のカラダを大切にしていれば、魅力的なカラダになれます。

年齢に関係なく、本当の美人の共通点は、「規則正しい生活をしている」と「心にゆとりがある」です。

実は、心のゆとりこそ、ダイエット成功のキーワード。

ダイエットを始めるには、人に合ったタイミングがあります。

就職や転職直後の、仕事や環境に慣れることで精一杯な状態や、心の病気を治しているとき。これらはダイエットをするタイミングではありません。

ダイエットができない自分を責めてしまう人がいるかもしれませんが、責める必要は全くありません。誰でもこのタイミングでは、成功しにくいのです。

私は、最後のダイエットに取り組む前に、20回以上ダイエットに挑戦し、すべてリバウンドをしてしまいました。当時は常に感情的で焦っていて、無限の蟻地獄にいるようでした。

でも、そこから抜け出せないのは、失敗の原因を自分ではなく、ダイエット法にしていたから。

ダイエットの前にすべきことは、冷静さを保つトレーニングだったのです。

糖分のとりすぎや栄養不足でもストレスに繋がるので、食事のバランスを見直してみましょう。

ダイエットは、自分の食事・運動・休養を分析して、できていないところをできるようにするための対策を立てて、実行するという冷静な作業の繰り返しです。

いろんなダイエット法に挑戦する前に、自分の心が安定しているのか、また、感情的になっていないかをチェックしてみるのが、本当の美人になる近道です。

ダイエットを楽しむ心のゆとりこそ、成功の鍵ですよ。

Beauty words

大事なのは、心のゆとり。
新しい方法は必要ない。

本当の美人になる

column 01

「変わりたいなら、今しかない」

最も高い確率でダイエットに成功する人たちがいます。それは、結婚式を控えた花嫁。日付も着る服も着る場所も明確で、たくさんの人に見てもらう機会なので、「やせたいなぁ」ではなく、「やせる」に意識が変わります。目的が明確である、人に見られる意識を持つ。この2つは、「本当の美人」を作る秘訣！

ダイエットをしたいけれど、やる気がないときは、「ダイエットをするしかない」という状況を作りましょう。キレイのスイッチを押せるのは、あなただけ!!

ダイエットするしかない状況とは、一言で言うと、外に出ること。例えば、初対面の人たちに会う場に自分から行ったり、薄着になる場所に行くこと。

「やせたら◯◯しよう」と思っているうちは、やせなくてもいい環境を自然と作ってしまうので、変わりません。変わりたいなら、外に出て、誰かに会いましょう。

やせたいなら服を変えること。やせてからじゃなく、今日変えましょう。

あなたのキレイを磨くスイッチを、「今」押すのです。

Chapter

2

本当の美人は、**おいしいごはん**をちゃんと食べている

07

お肉は食べていい？食べない方がいい？

最近、いつお肉を食べましたか？

「本当は焼き肉が食べたいけど、太ってしまうのでは？」、そう言ってお肉を避けている人もいるかもしれませんね。

Ｔｗｉｔｔｅｒで、「焼き肉　太る」を検索すると数え切れないほどのツイートがヒットします。

でも、あなたがハリのある美肌とメリハリボディを手にしたいのであれば、ダイエット中こそ、お肉を食べる必要があるんです。

お肉は、栄養素でいうと「タンパク質」、プロテインともいいますね。ギリシャ語の語源で「第一の物質」という意味。タンパク質は、私たちのカラダや生命を維持するためになくてはならない栄養素なんですよ。

タンパク質は、筋肉、皮膚や内臓など、カラダの材料となるだけではなく、風邪をひきにくくしたり、記憶力アップなどにも効果があります。

タンパク質はアミノ酸で構成されているのですが、その一種であるフェニルアラニンは、気分の落ち込みを緩和して、心を元気にしてくれる作用があります。

仕事がハードだったり、人間関係でトラブルが起きたり、何かひと仕事が終わって疲れたときに、無性にお肉が食べたくなるのは、お肉が、カラダにも心にもパワーをくれるからなのです。

私も、落ち込んで悲しい気持ちになったときは、甘いお菓子ではなく、「焼き肉！しかも、いつもよりいいものを食べる！」と決めています。友人と焼き肉に行って、楽しい時間を過ごした帰り道、いつも自然と気持ちが前向きになるのを感じるからです。

今では、悲しいことがあっても「焼き肉を食べられるんだからいいや」と思うまでに……。

でも、お肉であれば、なんでもいいというわけではありません。

セレクトすべきは、赤身肉。脂肪や皮は、なんと赤身の約3倍ものカロリーがあるのです。

調理法は、しゃぶしゃぶなどのように茹でたり、煮たり、蒸したものがベター。どう調理していいかわからなくなったら、調理法がシンプルなものを選ぶといいでしょう。

タンパク質は、お肉だけではありません。魚・卵・大豆にも含まれています。

例えば、クラゲの酢の物、アンコウの肝、いなごの佃煮など珍味といわれるものもそう。

外食だと、目の前の料理が何の栄養なのかわからない場合もありますよね。そんなときは、料理を材料までさかのぼって考えて、「動くものは、タンパク質」と覚えてください。

お肉・魚・卵は動くもの（将来的に動くものも含む）。植物性の大豆だけは動きませんが、ほかはすべて動くものです。

先述の珍味ですが、材料までさかのぼると、クラゲもアンコウもいなごも動くものですね。

タンパク質は、バランスのいいキレイなボディを作るために、とても大切な栄養素。毎食、生の状態でこぶし1つ分は食べるようにしましょう。タンパク質をしっかりとって運動を続ければ、ぷるんとタマゴ肌の〝本当の美人〟になれます。

これまで仕事柄、いろんな職業の方にお会いしました。

あなたは、ハリがあって美しい肌の持ち主が多いのは、どんな職業の人だと思いますか？　モデルの方？　栄養士の方？　エステティシャンの方？

いいえ。実は、プロレスラーの方たちです。筋肉を大きく発達させるために、コンスタントに、プロテインを摂取し、トレーニングをおこなっているので、自然と美肌にも繋がっていたのです。

特に驚いたのは、プロレスラーの男性の背中がツルツルなこと。もしかしたら、女性の背中の方が、肌荒れでキケンかも……。

あなたも、お風呂上がりに、鏡で自分の背中をチェックしてみてください。

毎食タンパク質をとって、トレーニングをすれば、美しい背中が手に入ります。見えないパーツのケアをきちんとしている人は、本当の美人に多いものです。

美容の観点からしても、お肉、魚、卵や大豆を食べずにダイエットをすると、「やせたけど、なんだか老けた?」「体調は大丈夫?」と心配されてしまうことも……。

せっかくキレイになるために頑張ったのに、そんなことを言われたら悲しいですよね。タンパク質は、美ボディの味方であることをお忘れなく!

Beauty words

お肉こそ、
キレイに必要なもの。

08

帰宅が深夜になる場合、夕飯を食べる？食べない？

残業が続いて、家に帰るのが21〜23時。ときには、午前様になる人も……。仕事が忙しいと、困るのが夕飯ですね。深夜に帰ってくると、お風呂に入って寝るだけで精一杯という人もいるでしょう。

仕事帰りにお腹が空いて、コンビニに寄ったものの、「こんな時間に食べていいのかな」と不安になったことはありませんか？

仕事とキレイを両立するために必要なのは、根性ではなく、知識なのです。

ダイエット本にはよく「夕飯は19時までに、定食のようなバランスのいい食事をとりましょう」と書いてあります。わかってはいるけれど、現代社会で、仕事をしている私たちに、なかなかこれが難しいもの。

私がマンツーマンレッスンをしていた頃は、最後のお客様がお帰りになるのが22時半。サロンを片付けて、明日の準備をしたりと諸々作業をして、帰宅は毎日0時でした。睡眠時間と入浴時間を確保するためには、定食のようなバランスのいい食事を用意する時間はありません。

でも、仕事が忙しくても、工夫次第で太りません。その秘密を教えましょう。

それは、夕飯の炭水化物を職場で先に食べてしまうことです。お腹が空いても、深夜だから我慢するのではなく、お腹が空いているのであれば、あえて食べます。

仕事が遅くなりそうなときは、43ページに書いたように、コンビニでおにぎりを買っておき、18~20時の間に食べるのです。

なぜ炭水化物だけを先に食べるかというと、深夜に「あとは寝るだけ」という状況で炭水化物を食べると、カロリーは消費されずに太りやすくなるから。

でも、早い時間に食べておくと、帰り道で歩いたり、仕事で頭を使うので、カロリーを消費してくれるのです。

もちろん、おにぎりだけだとお腹が空いてしまうので、帰宅後に、タンパク質と野菜のおかずを食べるようにしていました。

無理に料理をする必要は、ありません。料理ができないときは、タンパク質はコンビニで焼き魚、煮魚、イカなどのレトルトパウチですませました。

野菜は、サラダ、野菜スティック、ひじき煮やもずく酢のいずれかを買って帰って食べるようにしていました。選ぶポイントは、「消化がいいもの」「温かいもの」「水分が多いもの」です。

もし、職場で炭水化物を先に食べられなくても、帰宅後におかゆを選べば、ごはんに比べるとカロリーは約半分に。

「おいしいものが食べたい」と思ったときは、帰り道にスーパーでお刺身を買って、出汁茶漬けにして食べました。温かくてホッとするので今でもお気に入り。これも満足度が高い深夜ごはんです。

注意点は、加工品（ベーコン、ハム、ウインナー、明太子など）を選ばないようにすることです。加工品は、塩分が高いので、深夜に食べると翌日のむくみの元になってしまうからです。

シンプルな調理法である食べ物は、比較的カロリーは低いので、食べても太りにくいでしょう。

一日の食事のバランスは「朝は王様　昼は王子様　夜は貧者」というように、夕飯は軽めにするのが健康の基本。でも、お腹が空いているのに、無理に我慢しようとすると、空腹で眠れなくなったりして、イライラしてお菓子を食べてしまったり、ドカ食いの原因になることも……。

「絶対に食べない」と決めるのではなく、あなたの生活スケジュールに合わせて、食事の選び方やバランスなどを工夫することで、仕事とキレイが両立できますよ。

忘れないでほしいのは、毎日仕事や家事などをこなしながら、さらにキレイを磨こうとする向上心は、それだけで十分素晴らしいということ。なかなかできることじゃありません。あなたは、もうすでに頑張っています。

本当の美人は、頑張りすぎません。息抜きを入れて、無理をしていないんです。毎日完璧にできないからといって、落ち込まないでくださいね。できて当たり前ではないんです。

私も失敗することはたくさんあるけれど、体型をキープしています。できない日があっても「そんな日もあるさ」と軽く考えています。だから、3日坊主にならず10年以上、続くのです。

頑張っている自分を一番知っているのは自分だから、あまり厳しくしすぎず、いたわって下さいね。

深夜のごはんを取り入れながら仕事や家事、勉強を頑張ったら、週末は好きな入浴剤を入れてお風呂に長く浸ってみたり、アロマを焚いてみたり、ふわふわのタオルを買ってみたり、ご褒美をあげるのも忘れずに。

ダイエットは、全力投球だと続かないんです。6割くらいのパワーでゆるく長続きさせることが、本当の美人の秘訣です。

Beauty words

炭水化物だけを
早めに食べておく。

09

ダイエット中は飲み会に行く？行かない？

ダイエット中に飲み会に誘われたら、あなたはどうしますか？　友人や職場の上司に誘われたら、断れないこともありますよね。

飲み会や外食を「ダイエット中だから」と頑なに断っていたら、やせた後に「お誘いがない……」なんてことにも。

もちろん毎日のように飲むとなると話は別ですが、うまく飲み会と付き合いながら、やせることができたらそれが理想的ですよね。

でも、ダイエット中なのに、目の前においしそうな食事が並ぶと、いつも我慢している分、食べすぎてしまう。これ、無理な食事制限をしている人が、陥るパターンなんです。

そうならないために、外食でいくつかのルールを考えておくといいでしょう。

「お金がもったいないから」という理由で食べすぎてしまう方もいると思います。でも根本的な考え方として、飲み会の費用は「コミュニケーション代」。

参加費を「食事代」と考えるから、食べないともったいないと思ってしまうのです。

しかし、ここで食べすぎて太ると、後々ダイエットグッズを買うことになったりして、二重にお金がかかることになります。

飲み会の機会が多くても、太らない人は存在します。飲み会の席で食べることに執着しすぎないことが、飲み会を断らずにダイエットを成功させる上での秘訣といえるでしょう。

飲み会や外食で食べすぎてしまう人は、まずお腹を空かせた状態で参加しないようにしましょう。そして、最初のオーダーでは、人数＋1皿を目安にするのです。

例えば、2人の場合は3皿。最初に、お腹が空いているからと言って頼みすぎてしまうと、食べ切れず、それでももったいないからと食べ続けるクセがつきがち。

さらに、飲み会の席で食べすぎてしまう人には、このような共通点があります。

- 席についたらすぐに割り箸を割って、食べる準備万端
- 人と話すより、食べている時間の方が長い
- 好きでない食べ物も、もったいないからすべて手をつける
- 人と話しているときも、常にお箸を持っている
- 手持ち無沙汰なときは、何か口に入れる
- お腹いっぱいでも、デザートをオーダー

もし当てはまることがあるなら、要注意です。

次のような対策法を知って、楽しく飲み会に参加しながら、太らないコツを身につけましょう。

- 食べていないときは、お箸を置く
- 飲み会中は、誰かが箸を割るまで待つ
- 一番最初に箸をつけない
- 食べるよりも、人と話すようにする
- 料理の取り分けやドリンクの注文側に回り、食べる役にならないこと
- 人に自分の分を食べられたとしても、「食べてくれてありがとう」と考える
- 追加オーダーはお腹の具合を確認しながら、1～2品ずつ

レストランによっては、大皿での料理もよく見られますが、そんなときこそ、「すべてのものになんとなく手をつけるのをやめる」こと。もしくは、「どこでも食べられるものは食べない」こと。

例えば、ポテトフライなど、どこで食べても味があまり変わらないと思うのであれば手をつけないなど、マイルールを考えてみましょう。

飲み会で食べ物にがっつく美女を見たことはありますか？　本当の美人は、常に「見られている意識」を持つだけでなく、自然とルールを作っています。

友人との食事会など、自分でお店をチョイスできるなら、低カロリー高タンパク質の魚介類、ビタミンミネラルたっぷりの海藻や野菜のメニューが豊富にあるレストランを探して、メモにストックしておくといいですね。特にお鍋、沖縄料理や韓国料理などもオススメです。

飲み会や外食は、人との交流の場です。営業職などでは、仕事をする上で会食があることもあります。

飲み会を「ダイエットの妨げ」と捉えずに、見方をシフトしてみましょう。

そもそも女性が、なんのためにダイエットをしているかというと「自信を持って人に会いたいから」ではないでしょうか。

飲み会や外食をできるだけ避けて、やせた後に、解禁だといって飲み会に参加していると、あっという間にリバウンドすることになります。

飲み会に参加しながらやせる工夫をした人は、やせた後に、飲み会に参加しても太りません。

飲み会を悪と捉えずに、人と話すことで刺激を受けたり、思いっきり笑ってストレスを吹き飛ばしたり、ときには愚痴をこぼして支え合ったりとコミュニケーションの場だと思えたら、心のゆとりもできて、楽しくキレイになれますよ。

Beauty words

工夫次第で
飲み会は怖くない。

10

野菜ジュースは健康にいいの？あまりよくない？

私たちのカラダは、食べたもので作られています。

本当の美人は、楽しくスタイルをキープするために、できるだけ工夫しながら食べ物を選ぶ人が多いです。

ここで、私なりの太らない食べ物の選び方をご紹介しますね。

❶ カラフルなものを選ぶ

例えば、麻婆豆腐より八宝菜を選びましょう。カラフルなメニューは、野菜が多く含まれます。1日に必要な野菜は350g（うち緑黄色野菜を120g以上、その他野菜を230g）です。コンビニのパックのサラダでいうと、なんと7個半も必要。

あなたは足りていますか？「そんなに食べられない」「野菜を食べる機会が少ない」、そんな人は、野菜ジュースから始めてみてください。

野菜ジュースは、必ず原材料をチェックすること。原材料の表示は、多く使われている順番に書かれているので「りんご・人参・ほうれん草（以下略）」と書いてあったら一番多く使われている材料はりんご。りんごは果物なので、野菜ジュースというよりは、果物のジュースに近いでしょう。

飲みにくい場合は、無理せずに果物が入っている野菜ジュースから始めてみて、慣れてきたら変えていくのがいいですね。足りない野菜の補助としてとるなら、野菜だけのものがオススメです。

注意点があります。市販の野菜ジュースは、飲みやすくするために食物繊維を取り除いていたり、加熱殺菌処理をするので、野菜不足を完全に補うことはできません。冷凍素材の野菜を活用したり、常備菜を作っておくのもいいですね。

❷シンプルなものを選ぶ

焼き魚ととんかつ、作り方がシンプルなものはどちらでしょう?

料理の工程が多いものほどカロリーが高くなる傾向があります。焼き魚は、魚を焼くだけでシンプル。とんかつは、衣をつけて揚げているので工程が複雑なんです。

ランチのときなど、メニューで迷ったら、工程が複雑でわかりにくいものは、選ばないようにするというルールにすれば、太りにくいです。例えば、天ぷらそばと鴨せいろだと、鴨せいろの方が焼いて煮るだけなのでシンプルでしょう。

❸原価が高いものを選ぶ

ステーキとハンバーグの場合、挽肉より、ステーキ肉の方が原価が高いですよね。

パスタの場合、魚介のトマトパスタであるペスカトーレは、ニンニクとオイルのパスタのペペロンチーノより原価が高いです。

原価が高いものには、タンパク質が入っていることが多いもの。パスタランチやサラダランチだと、肉・魚介類・卵・大豆のタンパク質が欠けることが多いので、カロリーを消費してくれる筋肉が作られず、やせてもゲソッとした印象に。気をつけましょう。

4 思い出に残るものを食べる

お菓子を食べるときに、私が決めていること、それは、ダイエットクッキーやバター不使用のようなヘルシーを謳ったものではなく、「本当に食べたいもの」を食べるということです。満足度が低いものは、食べすぎの原因になりやすいので、カロリーではなく、心の満足度が高いものを選びましょう。

ほかにも、食べたことを数日後に忘れてしまうような、思い出に残らないお菓子は食べないようにしています。

こうすれば、お菓子をやめずにダイエットとつきあうことができますよ。

以前、私が担当したあるお客様から、毎日30分もダンスをしているのにやせないという相談を受けました。

食べたものの記録をとってみて、原因が見つかりました。毎日、掃除機をかけた後に、チョコレートを食べる習慣があったのです。なんと、このことにお客様は気がついていませんでした。書き出してみて初めて気がついたそう。

掃除機をかけた後に食べていたチョコレートのカロリーは、ダンスを30分したときの消費カロリーの倍。だから、やせなかったんです。

つまり、思い出に残っていないお菓子で太っていたんですね。掃除機をかけた後のチョコレートをやめることで、するっと体重は減りました。

あなたの場合はどうですか？

ダイエット中にありがちなのは「頑張りすぎて疲れる」ということ。ダイエットを生活の優先順位1位にしてしまうと、無理が出ます。

就職、転職、転勤、結婚、出産や子育てなど、女性の生活はライフイベントによって変化が起きます。変化に対応できるような柔軟性を身につけるために、まずは食べものの選び方を変えましょう。

Beauty words

表示を見てチェックを。
足りない分は補って。

11

お酒は飲んでいい？
控えるべき？

お酒好きなら、とても気になる「お酒と美容」について。

お酒は、適量だと血行促進に繋がり、コミュニケーションの架け橋としての役割を果たします。一方、中年太りといわれる男性のビール腹を見ると、お酒のせいでお腹にでっぷりとした脂肪がつくと思いがち。これには秘密があるんです。

お酒はアルコール度数が高いものほど、カロリーが高いです。しかし、お酒のカロリーは、食べ物のカロリーと異なり、ほとんどが体温を上昇させることに使われるので、体内で吸収されることがないのは知られていません。

お酒そのものでは太りにくいのですが、アルコールには食欲増進と脂肪の代謝を鈍らせる作用があるので、太ると言われています。

「気づいたら、唐揚げやポテトフライがなくなってた！」「いつもは揚げ物なんて食べないのに、飲み会のときだけ食べたくなる」などという経験はありませんか？

アルコールを摂取すると、食欲をコントロールする働きが鈍くなるので、普段よりたくさん食べてしまうのです。

特にビールは要注意。たくさん飲むと、炭酸で胃壁が刺激されて食欲が増進してしまいます。

知らず知らずの間におつまみを食べすぎるので気をつけてください。ビール腹になるのも、お酒ではなく、カロリーの高いおつまみを食べてしまうから。お酒が好きなのにやせている人は、お酒の場であまり食べない人なんです。

お酒をたくさん飲むことで、本人が食べたことを忘れていることもあるのです。

本当の美人は、自分のリミットを知っています。飲みすぎて、だらしない姿になったりすることは、ほとんどありません。

キレイにお酒とつきあうために、大切なことは2つ。「おつまみ」と「水分摂取」です。

まずは、おつまみの選び方。選ぶべきは、低カロリー高タンパク質なおつまみです。アルコール分解をする臓器は、肝臓。肝臓は、アルコールを分解することで大きなダメージを受けます。この肝臓の修復に欠かせないのが、タンパク質。

魚介類が一番のオススメで、お刺身、ししゃもや干物がいいですね。植物性タンパク質では、豆腐、納豆や枝豆も、アルコール分解で少なくなりがちなビタミンB1を補ってくれます。

ほかにも、ビタミンはアルコールに含まれる毒の分解を促す働きがあります。例えば、スティックサラダ、海藻サラダや冷やしトマトなど。発酵食品も肝臓の働きを助けてくれます。

塩分のとりすぎに気をつけながら、低カロリーで高タンパク質のおつまみを選んでみてください。

ちなみに、アルコールの1日適量は純アルコール量で20g。ビールなら中瓶1本（500㎖）、ワインはグラス2杯、焼酎なら0・6合（約110㎖）、缶チューハイ（5％）なら1・5缶（520㎖）が目安です。

もう一つのポイントは「水」。アルコールには利尿作用があり、自然とトイレが近くなります。お酒を飲むと、カラダは水分不足になってしまうので、水分補給を忘れずに。

お酒の合間に、ウーロン茶やチェイサーをもらうのがベストです。

水をビールジョッキ3杯飲むのは難しいですが、ビールだと意外と飲めてしまいますよね。

なぜなら水は大腸で吸収され、アルコールは胃壁全体で吸収されるので、吸収のスピードがアルコールの方が早いから。

お酒の間に、水を挟むことで、飲みすぎを防ぎ、食べすぎる失敗も減りますよ。また水分をとることで、代謝がアップし、むくみ解消にも効果的です。

飲み会の帰り道には、ペットボトル1本分のお水を飲むクセをつけましょう。
私の場合は酔ってしまうと、水分補給をうっかり忘れるので、飲み会の前に500㎖のペットボトルの水をバッグに忍ばせるようにしています。

そして、お酒の飲みすぎでむくんでしまった翌朝は、キウイフルーツ、納豆、ほうれん草、バナナど、むくみ解消効果のあるカリウムの入った食品を食べるようにしています。

低カロリーで高タンパク質、ビタミンが豊富なおつまみで、楽しくお酒を飲むことは、美人度アップに効果があり、ダイエットの妨げにはならないことを覚えておいてくださいね。

Beauty words

お酒そのものがキレイを妨げるわけではない。

12

お腹が空いたら我慢？
ちょっとでも食べる？

ダイエット中に「食べちゃだめ！」と思っているのに、お腹が空いて耐え切れなくなり、必要以上に食べすぎて、後悔……。私は、過去に何度も経験しました。

ダイエット中にお腹が空いたら、あなたはどうしますか？

ひたすら我慢するのは間違いです。「ダイエット＝我慢」と思っている人は、「空腹が起こるメカニズム」を是非覚えてください。

実は、空腹は「4つの不足」が原因です。空腹はひたすら我慢するのではなく、何が原因で起こっているかを知って対処するのが、本当の美人になる秘訣。

空腹になる理由を分析して、我慢だらけのダイエット生活とさよならしましょう。

まず一つ目は、多くの人が知っている「エネルギー（カロリー）不足」。食事を抜いたり、減らしたりして、カラダに必要なエネルギーが足りないからお腹が空くパターン。

特に糖質が不足すると、眠くなったり、イライラしたり、手が震えたり、人によってはめまいが起きることも……。

糖質はお米、パン、麺類、芋類、カボチャ、コーン、大豆以外の豆類、果物、お菓子など。とりすぎだと太りますが、脂肪を燃やす着火材の役割もあります。ごはんの場合は、1回につき、120〜150gは食べるようにしましょう。

食事の糖質をかなり減らしていると、お腹が空いて我慢できない状態になってしまいます。空腹で、お菓子をつまんでしまう人は、普段の食事で、しっかり糖質をとると空腹を避けられますよ。

もう一つの原因は、「水分不足」。1日に必要な水分量を知っていますか？

必要な水分量は、体重×30mℓです。

例えば、体重が50kgの方なら、1・5リットルということ。これを下回るとカラダが水分を必要とします。そのときに、カラダから脳に伝える信号を「お腹が空いた」と勘違いして受け取ることがあるのです。

以前「アイスを食べるのがやめられない」という方がいました。彼女は、アイスで水分を補給しようとしていたようですが、実際はアイスで水分補給はできません。代わりに必要な水分をとるようにしたところ、「アイスを食べたい」とは思わなくなったそう。

「水分はコーヒーでもいいの？　コーヒーなら職場でたくさん飲んでいます」

そう思ったあなたは、下半身太りではないですか？

コーヒーとアルコールは、利尿作用があるので水分量に含みません。利尿作用がある分、むくみやすくなるので、多めに水分が必要なんです。

ほかにも、甘いドリンクや乳製品飲料などで必要な水分量を補おうとすると、カロリーオーバーになってしまいます。

三つ目は「栄養不足」。栄養バランスが崩れていることによる空腹は、気づいていないだけで、多くの人が当てはまるものです。

ランチでパンとおにぎりを食べたのに、すぐにお腹が空くという場合。これは糖質が多すぎます。糖質だけ、野菜だけ、などの栄養バランスが偏った食事をしていると、足りない栄養を補充しようとして、カラダが脳に「お腹が空いた」と感じる指令を出すので、カロリーは足りているのに空腹が続きます。

最近では、高齢者や女性の「新型栄養失調」が話題になりました。これは、しっかり食事をとっていて、カロリーは足りていても、タンパク質が不足して栄養バランスが崩れることで起こります。

パンとサラダだけの食事ですませるのは一見ヘルシーですが、キケン。タンパク質不足で、肌やたるみの原因になります。

朝食をパンとサラダですませる人は、ゆで卵を加えると、栄養バランスは整います。

夕飯では、メインディッシュとしてタンパク質のおかずを食べるチャンスは多いですが、朝食や昼食で欠けることが多いので気をつけましょう。

タンパク質だけでなく、野菜、海藻、きのこ不足も空腹の原因になります。

野菜は気をつけて食べていても、海藻やきのこはいつ食べたか覚えていないなんていう方も多いのではないでしょうか？

海藻は、味噌汁にワカメを入れたり、もずく酢を食べるのが手軽でオススメ。きのこもソテーや常備菜を作ったりして、食べるクセをつけることで空腹を防げますよ。

食事量を減らしても、栄養が不足すると、お腹は空き続けます。我慢しても、食欲が爆発してダイエットを投げ出してしまうという人は、何の栄養素が足りないか、分析しましょう。

空腹になりやすい人は、3日分の食事内容を書き出してみて、タンパク質、野菜、海藻、きのこを食べているかチェックしてみるといいでしょう。

空腹を引き起こす最後の原因は、「睡眠不足」。

あなたは、毎日何時間くらい寝ていますか？

朝起きる時間が決まっていても、寝る時間が決まっていない人は、要注意です。

1日の睡眠時間が6時間以下になると、翌日、脳が糖分を欲します。脳は、糖分だけをエネルギーにしているため、睡眠時間が短いと、脳を使う時間が長くなるので、その分、糖分を必要とするのです。

ですから、睡眠不足が続いている人は、その状態を変えることからスタートしましょう。寝ようと思ってベッドに入っても、スマホやDVDを見ていたらついつい寝不足に、なんていうこともありますよね。なんとなくの夜更かしが太ることに繋がってしまうことを忘れないでください。十分な睡眠時間こそ、本当の美人を作ります。睡眠時間は6時間以上とるようにしましょう。

例えば、甘い物が無性に食べたいと思ったとします。でももし前日の睡眠時間が4時間だったら、あなたがすべきことは、お菓子を食べることより、一刻も早く寝ることです。

いくらお菓子を食べても、睡眠をとらないと、根本的な原因が解決しないので空腹は止まりません。睡眠不足の翌日の夜は、早めに寝ること。これもキレイへの大事なポイントです。

お腹が空いたら、「糖質は足りてる?」「水分は?」「栄養バランスは?」「睡眠は足りてる?」と自分に問いかけ、原因を見つけて対処することをオススメします。

例えば、糖質不足の場合は、お米などの炭水化物を食べましょう。ダイエットだからといって我慢をし続けると、カロリーを使ってくれる大切な筋肉がエネルギーに分解されて、少なくなってしまいます。筋肉のハリがないカラダは、健康的な美人とはいえないもの。

水分不足を解消するためには、携帯電話のタイマー機能を使うのがオススメです。

私は、太っていた頃、1日に500mℓしか飲み物をとらなかったので、飲むクセをつけるのが大変でした。今は1日に3回「500mℓ飲んだ？」と表示させるようにし、500mℓを3回とるようにし、飲み忘れを防いでいます。

とり忘れがちな海藻やきのこ類をとるために、私は夕飯時に、必ずきのこと海藻を入れた味噌汁を飲んでいました。きのこは缶詰、わかめは乾燥もあるので、工夫をして取り入れてくださいね。

どれにも当てはまらずに空腹になってしまう場合は、口がさみしくて食べるクセがついている可能性があるので、温かいフレバーティにはちみつを入れて飲む、趣味を見つけて食べ物以外のものに興味を持つようにする、どうしても食べたくなったら、ぶどうやみかんなどの水分が多い果物をとる、などがオススメです。

Beauty words

空腹は、カラダの声。
何が原因で
お腹が空くのかを
分析すること。

本当の美人になる

column 02

「楽しいからキレイが続く」

楽しくキレイをキープをすることが、本当の美人のポイント。

この「楽しい」というのが、重要です。

過去の私が、ダイエットでいつもリバウンドしていたのは「辛ければ成果が出る」と思っていたから。でも、実際には楽しくなければ続かないとわかったのです。

年を重ねて、ずっと、趣味で絵を描いたり、盆栽を育てている人がいます。彼らは好きなことだから、長く続けられると言います。楽しいから、続いているわけです。

忙しいと言う人も、アーティストのコンサートや映画には行っていたり、ネットサーフィンをしていたり、好きなことは、なんとか時間を割きます。

でも、「嫌い」「辛い」という認識があるものは、後回しにしがち。

ダイエットも同様。苦手という意識があると、やりたくないこととして後回しにするので、なかなか結果が出ません。好きになる工夫をして、楽しみましょう。

Chapter

3

本当の美人は、
自分の強みを
知っている

13

キレイって生まれつきのもの？
頑張って手に入れるもの？

「ミスコンテストって女同士の戦いなんでしょ?」と言われがちですが、私の場合、そんなことは全くありませんでした。

私がコンテストを通じて得たものは、尊敬できる友人でした。「同じ釜の飯を食う」とはよくいったもので、一つの同じ目標を目指して切磋琢磨した友人は、数年ぶりに会っても昨日まで会っていたかのようで、とても大事な存在です。

本当の美人は、キレイであることを鼻にかけたりしません。

心にゆとりを持って、キレイを維持しているので、感謝の気持ちがあり、前向きです。

コンテストで友人になった女性の多くは、「評価されたい」という気持ちより、「自分をレベルアップさせたい」という気持ちが強いようでした。そのため、足を引っ張りあうこともありません。

元おブスでおデブの私は「こんなキレイで、性格がいい人なんて存在するんだなぁ。すごいなぁ」と感心しっぱなしでした。

コンテストの後、就職して、上京してきたとき、出身が福岡、大学が京都の私は、東京に知り合いがあまりいなくて、とても不安でした。でも、ミスコン時代の友人が私を外に連れ出してくれて、別の友人を紹介してくれて、そこから輪が広がったんです。それだけではなく、コンテストで知り合った友人たちはいつもキレイで、怠けがちな私にピリッと刺激を与えてくれます。

ある日、ミスコン時代の友人数人とテレビ番組を見ていたときのことです。冴えないといわれる女性をメイク、ヘアセット、エステやファッションなど、プロの技術を集結させて、見違えるほど美しく変身させるという企画がありました。

プロのメイクアップアーティスト、エステティシャン、スタイリストなどが女性をシンデレラのように変えるのです。変身した女性も感動して、キラキラ輝いています。

一見すると、女性にとって夢のような企画ですよね。

でも私たちは、それを見て同じ言葉をつぶやいたのです。

「かわいそう」

こんなステキな企画がかわいそう？　なぜでしょうか？

変身した彼女は、自分で工夫をしていないからです。自分の力でキレイを磨いたのではなく、すべて受け身であることに、全員が注目しました。

次の日、女性は、変身する前に戻ります。日常生活に戻ったときに、美容のプロはもういません。女性は、最高にキレイになった自分を知っているのに、それが自分の力ではないために、キレイを維持できないでしょう。

キレイになるのに、プロの意見やテクニックを取り入れるのはオススメです。私もメイクレッスンに行ったり、オシャレな人に似合う服のアドバイスを聞いて、積極的に取り入れています。

でも、ミスコンでも撮影でも、いつもメイクさんがつくわけではありません。雑誌を見たり、レッスンに行ったりして、自分で工夫して自分のキレイを維持できるようにするのです。大事なのは、「自分でやること」。

ミスコンテストでは、メイクやスピーチレッスンがありました。モデル事務所でも、ウォーキングレッスンなどがあります。プロを雇って受け身でキレイにしてもらうのではなく、自分を分析して、いいところを知って、テクニックや見せ方などを学んで、実践していきます。

太っていたとき、私は「お金がないからキレイになれない」と言っていました。メイクもファッションもお金がかかるもの。だから、学生でお金がない自分は、キレイになれないと思い込んでいたんです。思い込みって怖いですね。

振り返れば、コスメグッズは安価で品質がいいものもたくさんあるし、ファッションもダイエットをしてスタイルがよければ、ファストファッションでもおしゃれを充分楽しめます。

「キレイは、人に磨いてもらうもの」と捉えていたから、過去の私は「お金がないからできない」という偏った考えになっていたのですね。

自分で自分を磨くことこそが、本当の美人になるための方法なんです。

そのために、自分のことを、誰より深く知ること。自分らしさは、どこかに落ちているのではなく、自分の中にあり、まるで宝石みたいに発掘しなければ発見できないもの。

女性は、本来、皆、比べることができない自分だけのキレイを持っています。

世の中でキレイといわれている人は、研究して、自分で自分のプロデューサーをしています。キレイを磨く技術やアイテムはプロから学びますが、実際に磨く作業は自分にかかっています。

あなたは自分らしいキレイを知っていますか？　もし、まだ知らないなら、キレイを諦めるのは早いですよ。

Beauty words

自分らしさは、
自分でしか磨けない。

14

コンプレックスを隠す？
コンプレックスを活かす？

あなたにはコンプレックスはありますか？

私は、身長が高いこと、手足が長いことがコンプレックスでした。

今でこそ「スラッとしていいね」「手足が長くてうらやましい」と言われたりしますが、大人になるまで、本当にイヤでした。

身長は、小学校6年生で164㎝。クラスの男子どころか、担任の先生の身長を超えていました。足のサイズも24・5㎝。

小学生の頃、組体操でピラミッドを作るとき、一番下の段で四つん這いをしていたら、私は腕が長いため他の子たちより背中の位置が高くなり、ピラミッドが完成しないということがありました。

クラスで相談した結果、私はピラミッドから抜けて、隣で立って、旗を持つ係になりました。体育の時間は、皆は、ピラミッドを作るのに必死。私は何も手伝えなくて、悲しい思いをしました。

雲梯《うんてい》を渡るときも、手が長いので、前に進むと地面に膝がつきました。皆みたいに、サクサク前に進めません。できるできない以前の問題です。

地面に膝がつくと、雲梯にならないので、クラスメイトが地面に穴を掘ってくれました。しかし、掘っても掘っても、膝がつきます。「皆に迷惑をかけている……」。申し訳ない気持ちでいっぱいでした。背が高いことで、体育の授業が苦手になりました。

小学生の164cmで止まると思いきや、さらに伸びて今では172cmです。

足も大きくなるのがイヤで、纏足《てんそく》みたいに足を縛ったこともあります。

七夕の短冊にも、「背が低くなりますように」と書くほどでした。

「人と違う」ことが怖くてしかたなかったのです。

当時読んでいたマンガの主人公にも、男の子より大きい女の子はいません。

この「身長の高さ」と「手足の長さ」は、かつては大きなコンプレックスでした。

このコンプレックスを変えるきっかけとなったのは、たまたまかけてもらった、ある言葉でした。

「そんなに身長が高いなら、モデルになれそうだね」

太っていた頃は、モデルなんて夢にも思わなかったのですが、やせた後に挑戦したミスコンでは、「身長が高いのは才能のうち」「手足が長くてかっこいい」と言われるようになったんです。

あんなにイヤだった身長の高さと手足の長さが活きる世界があるなんて。しかも、私より背が高い人が堂々と活躍していることに、今までの悩みが飛んでいきました。

自分ではコンプレックスだと思っていることほど、実は魅力や武器になるんです。

太っていた過去がなければ、ダイエットコーチになることはありませんでした。

あなたも、コンプレックスを書き出して、変えられるものと変えられないものに分類してみましょう。

改善できるコンプレックスには向き合って、改善できないなら受け入れること。それはきっと個性となり、魅力になると思います。

私の場合は変えられるのは「おデブ」、変えられないのは「身長」と「手足の長さ」。おデブは努力して変えることができました。

「変えられること」として一般的に多いのは、肌質の悪さや姿勢の悪さかもしれません。

変えられないことは、バストサイズ。バストに関しては、大胸筋をエクササイズして垂れない工夫などはできるのですが、バストだけ脂肪を増やすということは難しいもの。胸が大きい人は、タートルネックなどの服が似合わないという悩みがありますが、女性らしくて魅力的。小さい人は、大きい人とは逆の悩みを持っています。

他人がよく見えて、人と比べてしまう気持ちは誰にでもあります。あなたが短所だと思っていることは、他人から見たら魅力だと思われていることも多いのです。見方を変えることによって、短所は長所になりえるんですよ。

ところで、キレイとかわいい、あなたはどちらのタイプですか？

私はキレイと言われるタイプですが、「かわいい」にずっと憧れていました。淡いピンクのトップスにふわふわのスカート。リボンや小花柄が似合う、ほんわかしたかわいい女の子になりたかったんです。

「かわいい」系に挑戦してみたこともありますが、「無理している感じ」が出てしまうんですよね。私は、シャツが似合うかっこいいキレイの方がしっくりくるみたいです。

グラマーな体型の人は、スリムな体型の人をうらやましく思い、逆もしかり。結局ないものねだりなんですね。

自分のビジュアルを分析して何が似合うかを調べて、キレイ系を目指すのか、かわいい系を目指すのかを決めましょう。

本当の美人は、「なりたい自分像」ではなく、客観的な意見を参考にしています。

誰かと比べる時間があったら、あなたのいいところを伸ばしていくこと。キラキラ輝く自分だけの美しさを見つけて、伸ばしましょう。

Beauty words

短所こそ、
魅力的な長所になる。

15

環境を変えればキレイになれる？
自分を変えればキレイになれる？

自分の身に起きたことを、ネガティブに受け取るのも、ポジティブに受け取るのも、自分次第なんだそうです。

「この出来事があってよかった」と未来の自分が笑うのか、最悪だったとネガティブなままにするか。知らないうちに、自分で選んでいます。そして、自分の未来も、自分の「今」の選択で作られます。

「環境が変わったら、うまくいく」と考えている人もいますが、環境に関しては、すでに変わっているんです。ずっと同じなんてことはありません。

例えば、あなたが3年くらい、ずっとやせたいなと思っていたとします。3年間、全く環境の変化がない人は少ないもの。働いている人は部署移動、人事異動、転職や転勤があるでしょう。プライベートなら、引っ越し、彼氏ができたり、別れたり、結婚、出産など。近所にカフェができた、ペットを飼ったなども変化です。

もっと小さな変化も含めたら、毎日何かが起こって、変化しています。

それでも、やせることがなかったということは、心のどこかで「やせたくない」と思っている可能性があります。

「やせたい」と思っているのに、なぜ無意識下で「やせたくない」と思うのでしょうか？

今までの生活習慣を変えるには、パワーが必要だからです。今まで通りの方が、ラクだから。もちろんやせはしないけど、成功も失敗もありません。

環境や習慣を変えるというのは、勇気がいること。家に帰るまでに、いつも同じコンビニに寄る。いつも似たような色の服を買ってしまう。それくらい、人は習慣に支配されています。

でも、「自分を変えたい」と思っているなら、まずは小さなことからチャレンジをしてみましょう。

いつもと違う色の服を買う。降りたことがない駅で降りてみる。やってみたいけど、今までできなかった料理に挑戦してみる。キレイに結びつくことでなくてもかまいません。小さなチャレンジを積み重ねていくことで、変化に慣れてきたら、引っ越しや友人作りなど、新しい環境に飛び込んでみてもいいかもしれません。

積み重ねていくうちに変化を怖がらなくなり、「やりたいことをやること」に抵抗がなくなっていきます。意思の力ではなく、小さな成功体験の積み重ねで、本当の美人への道は開けます。変化を楽しめる人は、とても魅力的ですよ。

Beauty words

まずは小さいことから、
自分を変えよう。

16

キレイになって変わるのは
自分自身？
他人からの目線？

私は、やせる前、20kgのダイエットに成功して目標体重の52kgになったら、「やった！」「遂に目標達成だ！」なんて言葉が出てくるはずだと思い込んでいました。

でも、実際に体重計に乗って、目標体重を見たとき、こんな一言が出たのです。

「え？　これで終わり？」

あまりにもあっけないゴールでした。

もっとドラムロールが鳴り響いて、生まれ変わったような自分がいて、「これが私？　キレイ！」なんて言っているイメージだったのに……。

後で知りましたが、ダイエットに成功してリバウンドをしていない人の共通点は、「目標達成時に、達成感がなかった」ことにあるようです。

達成感があるということは、無理して辛いことをしていたわけで、終わったら「もうやりたくない」「頑張ったからこれくらい食べてもいいでしょ」と思いがち。

その後、ダイエット中にやっていたことが続かないから、リバウンドするのです。

私の場合は12ヶ月で20kgを落としているので、1ヶ月平均1・6kg減。もちろん停滞期もありましたが、平均して月に2kgずつ落としました。

1週間で何百グラム減っているので、意外と自分でも変化に気づかないもの。「本当にやせたんだ！」と実感したのは、試着室で、入らないと思っていたデニムがスルッと入ったときでした。

やせて、外見は変わりましたが、中身の根本的な部分は変わりません。

ダイエットを通じて、何事も工夫をするようになり、諦めない気持ちを身につけましたが、面倒くさがりやの性格は、やせてもあまり変わりませんでした。

やせたら性格も変わってキッチリすると思っていましたが、よく考えると、根本的な性格が完全に変わってしまったら、自分ではないのです。

やせれば、自分のイヤな部分が帳消しになるようなことは、現実には起こらない。

やせていても、悩みはあるし、落ち込むことだってあります。


変わったのは自分ではなく、他人でした。

体重が72kgだった頃、スーパーで、ふと男性にぶつかったことがありました。

「すみません」と言おうとする前に、相手から出たのは「いってーな！　デブ！」。

「すみません！」と、私は小さな声で謝りました。不注意は私で、自分が悪いのでしかたないのですが、「デブ」の言葉が胸に突き刺さりました。

そして、やせた後、同じように、男性とぶつかったとき。

「ヒッ！　すみません！」と謝ると、驚いたことに、言われたのは、「大丈夫ですか？

おケガはありませんか？」。

今回も私の不注意なのに、優しいのです（もちろん違う男性なので、性格も全く違うと思われますが）。太っているときは、男友達が荷物を持ってくれることは、ありませんでした。むしろ男性の分まで荷物を持っていたくらいです。でも、やせてから、重いものを持たせてくれないくらい、周囲の人の優しさを感じています。

最初は気のせいだと思っていましたが、何度も何度も、同じようなことが起こりました。

出会いの場でも、太っていた頃、私は、自分からお笑い役やキレイな友人の引き立て役を買って出ていました。合コンなど外見が重要なファクターになることを知っていたので、男性陣が私ではなく、美人な友人に人気が集中しているのは感じ取っていたんです。だから、自虐のギャグなどを言って笑われることで、自分がその場にいる意味を作っていました。

やせてキレイを磨いた後は、自分から話さなくても、男性たちが話しかけてくれて、連絡先を聞かれたのです。とても驚きました。中身は変わっていないのに、外見で判断されることを知りました。

人は、外見が好みだったら、初めて中身を見ようとするもの。

確かに太っていた頃の自分も、初対面では、無意識に見た目で相手を判断していました。

誰だって、そうなんです。あなたも、清潔感や笑顔や健康的なスタイルを維持することで、あなたの中身に興味を持ってもらえる機会が増えるということ。

太っていた頃は、「外見で判断せず、私のことをわかってくれる人だけでいい」と頑なに思っていましたが、実際には、門戸は広いほうがいい。

自信を持っていろんな人に出会うことで、精神的に成長できる機会が増えるのです。

外見は、最初のきっかけ。あなたらしさが伝わるようにキレイを磨いておけば、世界が広がるかもしれませんよ。

他人の目は、「自分がどう見られているか」を客観的に教えてくれるもの。

他人の目を通して、現実に目を向けることは、本当の美人になる第一歩です。

Beauty words

自分がいきなり
変わることはない。
他人の目線が変わる。

17

今の自分を幸せだと思える？
幸せだと思えない？

あなたは今の自分が好きですか？

モデル体型の人でも「もっとやせたい」と言う人がいます。それは、自分にもっと自信がほしいから。

女性は、「やせた先に幸せがある」と思っています。キレイでスタイルがいいと自信があって楽しそうに生きているように見えるから、スタイルがよくなれば、自分もそうなれると思うのでしょう。

モデルやミスコンテストの世界にいると、比べられることが当たり前で、美人がたくさんいるので、自然と自己評価は低くなってしまうことも。皆さん、それぞれ美人なのに、とても意外でした。

比べるクセがつくと、自分を認める自己肯定が低くなります。自己肯定とは、ありのままの自分を受け入れられたり、「自分には価値がある」と思うこと。

キレイでいるのが当たり前な世界にいることで、自分の価値が低いと思い、なかなか幸せを感じられない人も多いのです。

自己肯定感が低い人は、褒めるのも褒められるのも苦手な傾向があります。人にキレイだと褒められても「いやいや、とんでもない」と必要以上に謙遜の態度をとります。

褒められた本人も、素直に受け取れないことで、後悔して、自信を失うことも……。努力をしていても「これは当たり前」と言って、できている事実より、できなかったことに注目して落ち込んでしまう……。褒められた事実は信じないのに、自分を否定されるような言葉に関してはすぐに信じる。

こうなると、いくらスタイルがいい美人になっても、幸せにはなれません。

ここで、あなたの自己肯定感に関するちょっとしたテストをしてみましょう。

自分の外見のいいところ10個、内面のいいところ10個、書けますか？

自己肯定感を持っている人は、すらすら書けます。自己肯定感が低い人はなかなか書けません。

「悪いところなら思いつくんだけどな」という人も、自己肯定感が低め。自分を肯定できなくて受け入れられず、他人に自分を受け入れてもらおうとする。それを承認欲求といいます。承認欲求基準で幸せになろうとすると、人の意見に振り回されることになります。

人の言葉で自分の価値が決まるので、感情のジェットコースターに乗っているみたいで不安定な状態になるのです。

「キレイでスタイルがよくないと他人に認めてもらえない。ありのままの自分では受け入れられないんじゃないかと不安な気持ちがある」

こういった強迫観念をもっていると、美人になって他人に認めてもらえるまで、なかなか満足しません。それは、他人に認めてもらうことが自分の幸せの基準になっているから。

しかし、いくら他人に好かれても、自分が自分を嫌いだったら幸せにはなれないのです。

本来一番の味方であるはずの自分が自分を認めず、いつも否定していたら、毎日辛いと思いませんか。あなたの価値は、あなたが決めましょう。

体重だけ減らせば、幸せになれるわけではありません。ありのままの自分を認めるためには、自分のことをたくさん知りましょう。

好きになる方法は、自分のいいところを知ること。外見・内面10個ずつ見つけるところから始まります。

【自分で思ういいところ　例　E－COの場合】

外見――①肩のライン、②顎のライン、③横顔、④脚のライン、⑤肌のハリ、⑥指が

長い、⑦歯並び、⑧身長が高い、⑨唇が厚い、⑩手首が細い

内面――①健康、②好奇心が強い、③趣味が多い、④優しい、⑤誰とでも仲良くなれる、⑥決断力がある、⑦行動力がある、⑧おおらか、⑨家族思い、⑩責任感がある

キレイの才能を磨くように、実績を積み重ねることで、自分を認められるようになります。

「だめなところばっかりだと思ってたけど、いいところもあるかも！」、そう思えたら自分を好きになれる第一歩。

あなたは、そのままで十分価値があります。ダイエットや美容は、あなたの才能をブラッシュアップするためであって、スタイルがよくなければ、不幸せというわけではないのですよ。ダイエットの前に、一度、自分自身と向き合ってみましょう。

Beauty words

ありのままの自分を
受け入れることが
本当の美人の始まり。

18

実年齢を気にした方がいい？
気にしない方がいい？

アラサー以上になってくると、「若い」という言葉が気になってくるもの。まだ若いと思っていたのに、カラダのタルミやメイクのノリが悪くなった肌、久しぶりに会う友人の変化に気づいて、戸惑いを覚えることもありますよね。

私もまさに今、このタイミング。20代前半の頃は、皆と同じような格好をしていたら、かわいいと言われていたのに、30代になると、「若作りに思われないかな」「もうショートパンツはだめかな」などと考えるようになります。

さらに30歳を過ぎると20代で何もしなくてもキレイと言われていた人と、コツコツ自分に似合うキレイを磨いていた人との逆転が、目立ちます。

スタイルもメイクもファッションもそう。キーワードは「慢心」。何もしなくてもキレイと言われていた人ほど、自己プロデュースの訓練ができていないため、加齢を怖がります。加齢に抗《あらが》おうとして、若さにこだわるようになると、「イタい」と言われる外見や行動に繋がってきます。

例えば、髪の痛みが目立つのに、すごく明るいカラーリングをしていたり、エクササイズやカラダの管理はしないのに、露出のある服を着ていたり。若いファッションは、逆に老けて見えることが多いのが現実……。

実年齢を気にした方がいいか、実年齢を気にしない方がいいかと聞かれると、一番いいのは、「実年齢を気にせず年齢不詳でいる」ではないでしょうか。

キレイにおいて、大事なことはずっと変わりません。

キレイの条件は、「清潔感」「魅力的な笑顔」「健康的なカラダ」です。これらは、年齢とは関係なく、自分の努力次第で得ることができるもの。

加齢は、ボディラインのシルエット、首、膝などにあらわれると言われています。そういったパーツを日頃からエクササイズして、引き締めることで、健康的なカラダを維持することができます。ただウエストが細ければいいわけではありません。

年齢ごとに自分に似合うスタイルを見つけていくこと。

そして、姿勢。姿勢のよさは、着ている服以上に重要なんです。老けた印象になりがちな猫背をやめて、正しい姿勢を今日から身につけましょう。

規則正しい生活を心がけて、健康的なカラダを維持して、ステキな笑顔をしている女性は、いくつでもキレイ。そして、加齢とともに人生経験が深くなり、魅力的です。

キレイな女優の方、モデルの方を見て、年齢が気になりますか？　年齢より先に「キレイだな」と思うような女性もいると思います。そういった方々は、年齢という小さな枠に囚われていません。

さあ、あなたの長所を伸ばして、年齢不詳の美を手に入れましょう。

Beauty words

「年齢より若く見られたい」
と意識すればするほど、
本当のキレイより
遠ざかってしまう。

本当の
美人になる

column

03

「不安をバネにする」

今よりキレイになれば、心配や不安がなくなるかというとそんなことはありません。キレイになっても、やせても、あなた自身であることは変わりません。不安はどんな人にもある、自分が作り出したもの。私の今までの経験だと、不安から逃げれば逃げるほどそれは大きくなります。

不安の正体を知ることができるのは、ほかでもない自分だけ。だからどんなに忙しくても、一度立ち止まってよく考えます。不安に思う理由を文字に書いて探ります。原因がわかると、とても大きく思っていた不安が、小さくなる。その後、対処できることは行動に移します。

不安は必ずしも悪ではありません。不安があるから変わろうとするし、対策を立てるし、成長しようとする。不安を人生のスパイスにできたら、怖いものはないと思うのです。すべては受け止め方次第。

Chapter 4

本当の美人は、演出にとことんこだわる

19

写真うつりの悪さはカバーする？しない？

太っていた頃、雑誌で見たモデルの方の顔の小ささと脚の長さに「同じ人間なのだろうか」と驚いていました。身長が１６０cmと書いてあると、「私より背が低いのに……。いくらやせても、頭身は変わらないから、永遠に届かない」と思うまでに。のちに、モデルの仕事やミスコンテストを通じて、「写真≠現実」ということを知りました。皆、テクニックで、スタイル抜群に見せているんです。

写真うつりのよさも美人のうちなんですね。私は、ミス日本コンテストの時に、写真を重要視していなかったせいで、大きなミスをしました。

ミス日本の各候補者は、コンテスト前にスタジオで写真を撮ります。指定されたのは、肩を出したシンプルな顔写真。東京の候補者はスタジオ指定があったのですが、関西だった私は、自分で写真スタジオを探しました。

なんとなく顔がはっきりわかった方がいいと思い、おでこを出して、髪をお団子にまとめたヘアスタイルに。さらに写真の２／３が顔になるようにお願いして撮り、事務局に送りました。

全員が掲載されたパンフレットを見て、「私だけ、顔が大きい！」と愕然。ほかの候補者は、顔は写真の半分ほどの大きさで撮り、すっきりとした肩が入っています。

私の写真は、２／３が顔。しかも、ヘアスタイルをお団子にしたせいで、顔がアップで写っている状態でした。

候補者の写真は、新聞やｗｅｂサイトに掲載され、某掲示板では、私の顔が大きいことが噂になったほどです。実際には、顔がとても大きいわけではないのに、写真の写り方でイメージが決まってしまうのです。とても大きな教訓を得ることができました。

ダイエットコーチ ＥＩＣＯの全身プロフィール写真には、スタイルがよく見えるいくつかのテクニックがあります。靴を履かずに、裸足でつま先立ちでいること。そうすると、足の甲までが脚に見えるので脚長になるんです。

もう一つは、必ず片方の脚を前に出すこと。立っている方の足の１・５歩前くらいに親指をおくイメージです。


では、ここで美人に見える写真うつりのテクニックをお教えしましょう。

❶ 似合う笑顔を見つけること

歯を見せた笑顔、口を閉じた笑顔。あなたはどちらが似合いますか。鏡を見てチェックしてみてください。目は見開くこと。シャッターを切る直前まで目をつむって、目を開けた瞬間にシャッターを切るようにすると自然です。

歯を見せる場合は、上の歯だけを見せるのがポイント。下の歯が見えると、卑屈な印象になってしまいます。

私は歯を見せた笑顔を選びましたが、歯茎が出るのがコンプレックスで、鏡の前で歯茎を見せずに笑う練習を積み重ねて、今の笑顔が完成しました。

❷自分に似合う角度を見つける

カメラに対して正面に写ると、細い人でも太く見えます。斜めが基本。下半身はカメラに対して足先が横になるように、上半身は正面にすることでウエストがひねられ、細く見えます。その際に、右側と左側のどちらがキレイに見えるのか知っておきましょう。女優の方はいつも同じ方向から撮られるようにしていますよ。

❸二の腕は必ずカラダから離す

二の腕は、写真次第で細く見せることが可能なパーツ。カメラ側の肩を落として、腰に手を置いたら、肘をできるだけ後ろに。二の腕はお肉が柔らかいので、カラダに沿わせると肉が広がり、通常より太く見えてしまうのです。

❹撮る場合のカメラの構え方

スマホやデジカメで、人物の写真を撮るときに、相手の顔のあたりでカメラを構えていませんか。こうすると、頭が大きく写ってしまいます。

カメラを構えるのは、胸より下。もしくは、撮影者はしゃがんで、相手の腰くらいにカメラを構えるのが目安。下から撮ることで、脚が長く写ります。

あるカメラマンさんは床に寝転がって、立っている私の姿を撮っていらっしゃいました。できあがりを見ると、12頭身くらいになっていました。これが、最初に紹介したテクニック。写真の構図は、人物の身長が写真の高さいっぱいになるのが理想です。

写真うつりは、鏡に向かって練習するのがオススメです。

本当の美人は自己プロデュースとして、キレイに見せる方法を知っています。

是非取り入れてみてくださいね。

Beauty words

写真うつりの悪さは、
テクニックで
なんとかカバーできる。

20

キレイは自己流？
プロの手を借りる？

女性は、その道のプロの手を借りることで、グッと垢抜けます。モデルの方や女優の方が垢抜けて輝いているのは、自分に合うヘアスタイル、メイクをプロに教わり、キレイを引き出す方法を教えてもらっているから。

キレイとは、「手入れ」をしていること。手入れのしかたを、プロに教えてもらうのは、自分らしいキレイを作るための効率的な方法です。

【ヘアケア】

髪型は、顔の印象を大きく左右します。自分がなりたいイメージと、客観的に見て似合うスタイルの中で、美容師さんと相談してスタイルを決めるのがベスト。できるだけなりたいイメージをスマホに記録したりして、サロンへ行きましょう。

私は、ダークブラウンのストレートロングなのですが、25歳から白髪が目立つようになりました。頭皮は脂性で髪が乾燥しやすく、艶が出にくいので困りもの。なので、毎月ヘアサロンに通って、トリートメントとカラーをしています。

髪がツヤツヤな友人に話を聞くと、必ずヘアアイロンをかけてから、外出しているそうです。てっきり元から艶があるから、ブラシをかけただけなんじゃないかとうらやましく思っていたので、友人の陰の努力を尊敬して、今はマネをしています。

心に余裕がないと、ケアやアレンジ、セットまで気が回りません。短い時間であっても、ヘアケアを習慣づけると、心の余裕が生まれ、自分を大事にできるものです。

【メイク】

メイクで大切なのは、自分の顔全体のバランスを知り、なりたいイメージを明確にすること。見違えるように美しくなる女性はたくさんいます。

年齢や雰囲気の変化によってもメイク方法は変わるので、プロに教わることでブラッシュアップできます。

プロからマンツーマンでサービスを受けるのは、高価なものです。でも、自分を客観的に知って、いいところを伸ばし、自信のないところをカバーするテクニックを学ぶのは、自分に似合うものを知らないまま、むやみにコスメをたくさん買うより、長期的に見ると有意義だと思います。

もちろん、プロから教わったら、すぐ実行しましょう。

Beauty words

試行錯誤もいいけれど、
プロの手も
どんどん借りよう。

21

パーティで着るのは
ゆったりしたワンピ？
カラダのラインが出るワンピ？

本当の美人というのは、自己プロデュース力がある人のこと。自分の性格、外見、他人からのイメージを分析して、自分がなりたいイメージや方向性を決めましょう。大事なのが他人からのイメージ。自分は自分のことを客観的に見れないので、友人や知り合いに、自分のイメージや似合いそうな服を聞いてみるといいでしょう。

数年前、オシャレな友人と海外旅行に行った際に、私に似合う服をいろいろ提案してくれました。いくつか買って、帰国後に着ていたら「おしゃれになったね！」「似合う！」と何人もの友人に絶賛され、客観的に何が似合うかを知りました。

ショッピングをするときに、ショップ店員さんにどんな服が似合うかを教えてもらって、似合う服で好きな服を着ることでも、ファッションセンスは磨かれます。

体型管理にもファッションを取り入れてみてはいかがでしょうか？

立食パーティや飲み会で食べすぎを防ぐために、服装のコツがあります。

私の場合、立食パーティでは、わざと薄い色の上品なワンピースを着ます。

例えば、白いワンピースだったら、こぼして汚したりしたら大変ですよね。ですから、自然と緊張感が出て、丁寧な立ち居振る舞いになります。また、上品なワンピースを着ていると、気持ちもゆったりするので、焦って食べ物に向かう気持ちもなくなります。

飲み会では、サイドかバックにジッパーがあるぴったりめのワンピースを着ること
が多いです。ジッパーがあるとカラダにフィットするので、食べすぎると、苦しくな
るから。そうすることで、無理せず小食になります。

生理前など、食欲がいつもより増える時期の飲み会には、ウエストニッパーをつけ
て参加するという美人もいました。

わざとカラダのラインが出る服を着ることで、お腹がぽっこりしないように、食べ
る量を調節したり、服がきつくなって食べすぎるのを防ぐのです。自分の意思ではな
く、服に食べすぎを止めてもらう作戦。

魅力的なスタイルでいたいなら、ゆるい服ではなく、ジャストフィットの服を選び
ましょう。ワンピースではなく、白のシャツにデニムでもいいと思います。

1週間に1度でもいいんです。ジャストフィットの服を着る機会を作ることで、自
分の体型に関して、敏感になります。

1ヶ月で突然10kg太る人よりも、1年間で10kg太る人の方が多いのは、変化が小さ
くて本人が気づかないから。

小さな変化に気づいて対応していけば、太る可能性を減らすことができます。

Beauty words

ぴったりめのワンピースで、
スタイルキープ。

22

キレイになれれば幸せ？
幸せじゃない？

キレイな人でも自己評価が低いことで、なかなか幸せを感じられない人はいます。

これは、ダイエットでも同じです。抜群のスタイルになっても、「まだまだやせなきゃ」と言って、自分を追い込む人は多いですよね。

私も、やせた未来に幸せがあると思って、ダイエットに励みました。20kgやせて、準ミス日本という光栄な賞もいただいて、わかったことがあります。

それは、やせてキレイになっても、傷つくこともあるし、イヤなこともあるということ。幸せ一色というわけではありません。

幸せは「あるもの」ではなく、「感じるもの」。

幸せを感じるポイントは、人によって異なります。お茶を飲んで幸せを感じる人もいますし、有名レストランでのディナーで幸せを感じる人もいます。自分で幸せを感じたり、幸せを見つけられる人は、精神的に安定しやすいものです。

しかし、誰かから幸せにしてもらおうとしていたり、人の評価で自分の価値を決めていたら、将来的に苦しくなります。

例えば、誕生日プレゼント。あまり期待しなかったのに、誰かからプレゼントをもらえたら、それが何であれ、感謝します。しかし、誕生日にジュエリーをもらえるものだと思って勝手に期待していて、実際はもらえなかったとしたら、ガッカリするかもしれません。

自分のために時間とお金を使ってプレゼントしてくれたことは変わらないのに、自分の心持ち次第で、それを幸せと捉えるかそうでないかが変わります。

変える必要があるのは、外見より、自分の考え方です。

ダイエットコーチとして独立する前の5年間は、お金も時間もなく、大変でした。しかし、不幸ではありませんでした。むしろ、自分の基礎ができたと言っても過言ではありません。

辛いと思われる環境でも、1人で楽しみを見つけるクセができたのは、無形の宝。いつも受け身で幸せを感じるのではなく、幸せは、自分で見つけることです。

本当の美人を目指すのも同じです。キレイになれたから幸せというわけではなく、どんなことで幸せを感じられるか、楽しみを見つけられるかということが大事です。

Beauty words

キレイな人がみんな
幸せなわけではない。

23

キレイな友人を参考にする？
キレイな人の写真集を参考にする？

キレイな人と会ってキレイを学ぼうにも、職場が男性ばかりだったり、周りに目標となる人が見つからないこともあります。それでも、諦めるのは、まだ早いです。おデブだった大学時代、私は、自分に自信が持てなくて、友人もあまりいなかったので、自分1人で、やせるモチベーションを維持をする工夫をしていました。

それが「本」です。

理想的なスタイルがイメージできないなら、モデルやグラビアアイドルの方々の写真を見たらわかるはずと思い、私はマンガ喫茶に向かいました。そこには、写真集や雑誌がたくさんありました。

キレイな友人に会ってもカラダを見るのは服の上から。素肌に水着を着るグラビアアイドルの写真集は、どんなカラダになりたいかのイメージを湧かせてくれたんです。スタイルがいい女性の水着の写真を見て、カラダの研究をするうちに、「ずっと憧れだったモデルの方は、意外とお尻ぺったんこ！　それなら、このグラビアアイドルの方みたいな丸いお尻がいいなあ」などと、わかることがあります。

具体的な目標ができたら、ダイエットに邁進です。モチベーションが落ちたり、やる気が出なくなる度に写真集を見て、「このカラダになるんだ！」と思ってきたから、1年もの長期間、ダイエットを続けられました。

日本人から海外セレブの人たちまで、たくさんのカラダを見てわかったのは、脚が長い人は、ウエストのくびれができにくく、脚が短い人は、くびれが美しいということ。両方を持っている人は、かなり稀です。

だから、完璧なカラダを目指すより、自分のいいところを伸ばす。いいところが、最も美しく見えるような工夫をした方がいいことがわかりました。

研究していなかったら、この答えには辿り着かなかったと思います。

キレイな人の書いた本も、とても参考になりました。

一番影響を受けた本が『シンプル・ビューティ』。パリコレでも活躍していた川原亜矢子さんが書かれた、自伝に近い美容本でした。

自分のよさを伸ばすために、似合うものを知っておく。そのためには、何度も失敗したという川原さんに親近感を覚えて、「キレイとは自分で作っていくもの」ということを学びました。

あれからたくさんのモデル・女優の方の著書を読みましたが、自分を磨かずにキレイでいる人は1人もいませんでした。モチベーション維持には、キレイな人が書いた本がオススメ。本を読んで、いいところをマネするのは、今も続けています。

Beauty words

グラビアアイドルの
写真集は、
女性にも参考になる。

24

美肌を目指す？
全身肌美人を目指す？

ＥＩＣＯ式のダイエットを始めた方々からは、「やせた」よりも先に「肌がキレイになった」「肌ケア方法を変えていないのに、肌が最初に変わった」という感激の声があがります。

ダイエットをすると肌が荒れるイメージがありますが、それは極端に食事制限をしたり、カラダに必要な栄養が足りないのに、激しい運動をして栄養不足になるから。肌の健康は、血液からの栄養と新鮮な酸素でできています。バランスよく食べるという食事が、ダイエットのためにも、肌のためにも重要なのです。

具体的には、野菜のおかずは1食に2種類以上。炭水化物は1日2回以上をお米にして、パンや麺を食べすぎないこと。量のイメージは、野菜＞タンパク質＞炭水化物。特に私が気をつけているのは、ツヤツヤの肌を作るために、毎食必ずタンパク質である肉・魚・卵・大豆のうち、どれか1種類を食べること。

ちなみに、ベーコン、ウインナー、ハムのような加工肉は油脂が多く、魚肉ソーセージやちくわなど魚の加工品は炭水化物が多いので、注意しましょう。

パンとサラダのような一見ヘルシーに見える朝ごはんが続くと、タンパク質不足になり、疲れやすくなったり、筋トレをしても筋肉が作られなかったりと、逆効果です。

私は、サラダランチを選んだときは、うずらの卵の燻製やささみジャーキーを欠かしません。タンパク質をとることは、美肌に必須だからです。

そして、歩くこと。酸素をいっぱい取り込みながら歩くことは、脂肪燃焼効果だけではなく、肌の元気にも一役買っています。

忘れてはいけないのが、睡眠。必ず6時間以上睡眠をとっています。寝ている間に肌が再生されたり、筋肉が作られたりするからです。

ダイエットのためにしていた「食事」「運動」「休養」が、知らないうちに肌をキレイにしてくれている。キレイは全部繋がっているんですね。

肌ケアというと「顔」だけだと思われがちですが、私は顔だけではなく、全身のスキンケアを大事にしています。カラダを洗うときには洗顔石けんで、素手でなでるように。入浴剤はミネラルが豊富に含まれた塩や保湿成分の入った入浴剤。

お風呂上がりは、タオルで肌をこすらないように水分をとったら、乾燥しがちなパーツにマッサージクリームを塗ります。2週間に1回くらいの頻度でスクラブも。

健康的な美しさは、時間をかけて作られます。内側からも外側からもケアをして、毎日頑張っている自分を慈しむことができたらいいですね。

Beauty words

一生続く美は、
トータルで作られる。

本当の
美人になる

column

04

「自分磨きを習慣にする」

本当の美人とは、最初から「ある」ものではなく、「なる」ものだと書きました。
栄養バランスや運動、丁寧なスキンケアが習慣化されている「本当の美人」は「何もしていないよ」と言いますが、怠け者の私からしたら、「十分努力していらっしゃいます！　それが努力に入らないのがすごい……！」と驚くほど。

本当の美人には、ちゃんと理由があるのです。

ある女優の方が「チョコ大好き」とＴｗｉｔｔｅｒにアップしていました。写真を見たら、コーヒーにチョコ1粒。チョコ1粒！　私の場合は、箱を開けたら最後、全部食べてしまいます。

チョコ1粒を小皿に乗せて、残りを冷蔵庫に……なんてことができる自信は、私にはありません。だから、食べすぎを防ぎ、また、食べたことが思い出に残るという理由で、私は、チョコは友人とカフェで食べるようにしています。

あなたも、自分のことをよく知り、自分に合う方法でキレイを磨きましょう。

Chapter

5

本当の美人は、**後悔のない人生**を送る

25

自分へのご褒美はお菓子？美容グッズ？

「頑張ったご褒美に、お菓子を食べてしまうんです」という悩みを聞いたことがあります。

頑張ったご褒美に、お友達とカフェでケーキを食べたり、ときには豪華にホテルでアフタヌーンティーをする。これは、おいしく食べて、思い出に残るから、とてもいいと思います。

食べた意識があるため、歩く量を増やすなどの工夫をすれば、問題ありません。問題なのは、なんとなく食べて「思い出に残らない」お菓子たち。食べた意識がないから、「気づいたら太っていた」ということになるのです。

そこで、お菓子以外のご褒美を作りましょう。

ここでは、私の「プチご褒美」をご紹介します。一つのプロジェクトが終わった、運動が◯日続いたなど、自分の成長を祝いたいとき、プチご褒美をあげるのです。

プチご褒美は、500円〜1000円前後が理想。プチご褒美を選ぶポイントは、「手頃な価格」で「プチ特別感」があって「すぐ使える」というものがいいでしょう。

●シートマスク——入浴後にシートマスクで保湿をしているのですが、頑張った日は、高価なものを使っていいと決めています。エステを受けた後みたいに、肌が、もっちもちで、うれしくなっちゃいますよ。

●本や雑誌——頑張った日の帰り道に、気になっている本や雑誌を購入しています。

●ピアスやヘアアクセサリー——プチプライスなら流行りものでもいいし、1年に1度くらいはジュエリーを自分に送るのもオススメ。

●美容グッズ——リップクリーム、ヘアオイル、化粧水に美容液など、美容グッズはキレイを磨いてくれます。

●少し高価なティッシュやトイレットペーパー——ティッシュやトイレットペーパーを少しいいものにするのも、特別感があります。

●服や靴などのファッションアイテム——ウインドーショッピングでウォーキングがてら、「○○ができたら、これを買おう」と候補を探し、数ヶ月に1度のご褒美にしています。

●いつもは高くて躊躇する食材——ちょっと奮発して、ステーキ肉や立派なサーモンを買って、家で料理。外食で、憧れのレストランに行くのも心の満足度が高いです。うまく自分で自分を褒める時間を作ることが、リセットのために必要。楽しいご褒美が待っていると思うと、続くモチベーションになりますよ。

Beauty words

うれしくて、キレイにもなる「プチ贅沢」を用意しよう。

26

いい男と恋愛すれば
キレイになれる？
キレイになれば
いい男と恋愛できる？

いい男の定義とは何でしょう？

優しい人？　外見がいい人？　高収入な人？　人によって、定義は変わってくると思います。私のいい男の定義は、「行動で示してくれる人」。

結論から言えば、キレイになれば、いい男と恋愛できます。

とても現実的な話で恐縮ですが、いい男と恋愛するためには、いい男に好かれるための外見が必要だからです。

男性は第一印象で、好きか嫌いかを判断するそうです。第一印象の決定は7秒。キレイになることで、「いいな」と思ってくれる男性が増えるので、自分に合う人を見つけやすくなります。

気をつけてほしいのは、「キレイになる」ということは、派手に飾ることや流行を追うことではなく、「清潔で、自分のイメージに合う格好をしている」ということ。

そして、表情。

いつものあなたの表情が、男女問わず出会う際の第一印象を作ります。疲れたり、不満げな顔をしていたら、それが伝わります。人の悪いところが、目につきやすかったり、スペックを気にする人は、それも表情に出てしまいます。

逆に、人のいいところを見つけるクセがある人は、表情が優しくなったり、自然と笑顔になります。

女性は、髪型で、生活にゆとりがあるかどうかがわかります。通勤時の朝の電車内では、洗いざらしの人もいれば、髪型をセットしている人もいます。あなたが男性なら、どちらの女性と恋愛したいでしょうか？

いい男と恋愛をしたいと思うのであれば、スタイル、肌、髪と歯のケアを怠らないでください。目や鼻などの顔のパーツより、ケアできるところの方が重要視されているので、日々の生活を丁寧に過ごしていけば、美人度はグンとアップします。

パッとしない女の子が、お金持ちのイケメンに好かれて、キレイになっていくストーリーは、残念ながら物語の中だけ。私もおデブ時代に、そんなストーリーを期待していたのですが、実際は箸にも棒にもかかりませんでした。

当時「外見より中身を見てほしい」と言っていたけれど、自分は外見を磨く努力を怠っていたのに、人に求めるものの方が大きかったんです。今では、相手が自分に何をしてくれるかでなく、自分が相手に何ができるかを考えるようになりました。

30歳前後になると、周りは結婚ラッシュで、私は彼氏もできず、とても焦りました。そして、腹をくくったんです。「今さえよければいい」といって男性とつきあうのではなく、「落ち着いて、自分にぴったりの人が現れるまで、待とう」と。それでも、不安で泣いたときもありました。

でも、不安は、誰かが埋めてくれるものではなく、自分で埋めるもの。それを相手に求めているうちは、幸せになれないのです。

シングルだからって、魅力がないわけではありません。1人を受け入れて、自分に合う人を待つことができるのは、「強さ」だと思います。

32歳のときに、英語研修でフィリピンに行く直前に、親友から紹介された男性がいました。紹介された彼と、友人として連絡をとっていたのですが、留学先でトラブルが起きたときや、ケガをしたときに、その彼が助けてくれました。

優しい言葉をかけてくれる男性はいましたが、実際に行動をしてくれたのは、彼でした。親身になってくれた彼とつきあって、ケガの後のリハビリを乗り越えて、こうして本を書いています。

人生、何が起こるかわかりません。

恋愛は、タイミングだと聞いたことがあります。婚活のために行動をしていたとき、私は無理をしていましたが、自分の将来のための行動をしているときに、いい人との出会いがあったんです。

1人でも幸せ、そして2人でいれば、もっと幸せだと思えるようになりました。

幸せな恋愛をするには、まずは1人で幸せになること。そして、自分を価値ある存在として大切に扱うこと。

自分では気づかなかったのですが、彼とつきあってから、「キレイ」と言われることが多くなりました。

自分が、仕事をしていて経済的に自立しているから、30代で精神的にゆとりが生まれたから、今のタイミングだったから、この出会いを大事にできたと思うのです。

タイミングは、行動をした人、外に出て人に会った人だけに訪れます。

今のうちに、キレイを磨いて心のゆとりを作り、自分に合う男性は、どんな人なのかを知っておく。そうすれば、自分にとってのいい男と、最高の恋愛のタイミングをキャッチできるのではないでしょうか。

Beauty words

今のうちにキレイに
なっておくのが
幸せの近道。

27

安定した人生を選ぶ？
自由な人生を選ぶ？

21歳で最後のダイエットをしてから12年経ちました。

ダイエットというフィルターを通じてものを見て、どうしたらもっと簡単で健康的に楽しくダイエットできるのか、それを考えるのが、とても楽しいんです。私の趣味といってもいいのかもしれません。ダイエットは、最初は天敵だったのに、現在では好きになり、仕事にして、日本初のダイエットコーチという仕事を作りました。

ダイエット指導を通じて、皆さんに喜んでいただける。こんなにうれしいことは、なかなかありません。

ここまでお話しして、「好きなことを仕事にしていいな」と思った方もいるかもしれません。ダイエットは、自分の人生を変えてくれたものでしたが、実は、最初から仕事にしようとは思っていなかったのです。

私は、「モデルになりたい」という夢に、破れて諦めた過去があります。

やせて、たくさんのオーディションに参加したり、モデル事務所に所属して仕事をさせてもらいました。しかし、いくら努力しても、なかなか芽が出ません。「準ミス日本だから、モデルになれる」と思っていたら、そんなに甘い世界ではありませんでした。気づいたら25歳を過ぎ、「モデルとして生きていくのは、難しい」という現実を、受け入れることとなりました。

その当時、アルバイトとして、美容関連会社で働いていたのですが、たまたまダイエット指導に携わることとなり、やりがいを感じるようになっていました。

その後、独立。モデルのときの「たくさんの人をハッピーにする」という夢が、ダイエットコーチとして、叶いました。

好きな仕事と安定の仕事。大学卒業後に、就職活動をして、企業にも勤めたことがあるので、私はそれぞれのメリットとデメリットを経験しました。

私がいた企業は、社員教育がしっかりしていて、社会人の基礎を教えてくれたので、今でも心から感謝しています。当時の同期とも今でも仲良く、刺激を与え合う尊敬すべき存在です。

安定は「不満が多いけど、不安が少ない」、好きな仕事は「不満は少ないけど、不安が多い」と感じました。どちらにせよ、自分の人生の目的に沿って選ぶ必要があり、どちらがよくて、どちらかが悪いわけではないと思います。

人には適性がある。適性は、他人が見抜くのではなく、自分が分析をして、自分で将来のための舵を早いうちにきる必要があるのです。

選ぶ基準について、2つだけ注意してほしいことがあります。

一つは、「他人からどう思われるか」を基準にしないこと。自分の人生、人にどう思われるかより、本人が満足しているかの方がよっぽど大事なのですから。

将来のビジョンなしに、他人の目を気にして仕事をしていると、いつか我慢の糸が切れてしまいます。

もう一つは、「目先のお金より経験を選ぶこと」。お金は、生きるのにとても大切。しかし、自分の将来のビジョンに必要な経験は、後からいくらお金を出しても手に入りません。

手っ取り早くお金を稼げる仕事より、お金が少ないながらも、将来に繋がり、自分が興味のあることで、経験や基礎を積んでいけば、将来的に、お金は少しずつ回り始めます。興味があることや得意なことなら、努力自体もイヤではなくなります。

やりたいことは、突然天から降ってくるようなものではありません。自分の苦手なことやコンプレックスなどを乗り越えたり、好きなことを追求しているうちに、ぼんやりと、やりたいことの輪郭が見えてきます。

それが、私の場合は、ダイエットでした。

いいことも悪いことも含めて、今を一生懸命生きているうちに、それが未来の仕事になることもあると思います。

ビジョンを持って、今、何を選ぶかが、あなたの未来を決めるのです。

企業にいたときの経験やモデルのときの経験は、独立して仕事をする上で、私にとって必要なものでした。今まで、バラバラであった経験の「点」たちが、独立したときに「線」になっていくのがわかって、感動したほどです。

人生に無駄な経験はありません。点が繋がる瞬間まで、興味があることやコンプレックスの克服など、いろんな経験をして点を増やすことをオススメします。

Beauty words

仕事は、「お金」と
「世間」で判断しない。

28

他人と自分を比べる？比べない？

ダイエットも美容も仕事も、肩の力が抜けて、自分らしくいられるようになったのは、人と比べることをやめたときから。

モデルの仕事やミスコンテストで、たくさんの美人に接することで、たくさんの「気づき」や「学び」がありましたが、気づいたら無意識に人と自分を比べるようになっていました。

特に、ミスコンテストは順位があるので、「勝ちたい」と思うようになっていたのです。エントリーする1年前まで太っていて、やせただけでも驚くべきことで、さらにミスコンテストの最終メンバーに残れるなんて奇跡みたいなものなのに……！

美しい人に接することで、自分をブラッシュアップさせたいという目的で参加したのに、恐ろしいことに、欲が出てしまうのです。

キレイというのは、主観。好みは、人によって異なり、数値化するのが難しく、ぼんやりしたものです。

いつのまにか私は方向を見失い、「ほかの人よりキレイでいたい」と思うようになり、それはどんどん自分を縛り、苦しくさせていました。

キレイは、自分を好きでいるため、気持ちよくいられるためにあるものなのに、他者に対して、自分のキレイを押し出して、威圧的になっていたり、「あの子より目が大きくなりたい」とメイクを必死で頑張っていました。

頑張ることは素晴らしいことです。でも、他人と比べて勝つために、自分のキレイを磨く行為は、虚しく、造形がキレイになっても、違和感があってモヤモヤが残るもの。自分のイヤな部分にしか目がいきません。

当時は、美容整形しようかと思うくらい、思い悩みました。

しかし、親からもらった大事なカラダを傷つけてまで得たいものって、何だろうと悩みました。

よく考えてわかったのですが、私が得たいものは「不安の払拭」でした。「キレイじゃないと人に認めてもらえない」、これは太っていたときの悲しい経験から私の心の奥底にある気持ちでした。

美容整形でキレイを得れば、たくさんの人たちに認めてもらえるでしょう。

でも、いくら他人に褒めてもらえても、一番認めてほしい存在の自分自身が、そのキレイを認めない。私の場合、美容整形では、何も解決しないと気づきました。

キレイにならないと、自分を認められないのでしょうか？　本当はそうじゃない。ありのままの自分を認めたいのです。

キレイは、ダイエットと同じ。ストイックに考えていたら、苦しくなって、続かないのです。自分が気持ちいい状態、自信を持ってやりたいことに挑戦するためにキレイでいたいだけなのに、目的と手段が逆転していました。

その後、自分と向き合い、ありのままの自分を受け入れて、他者の評価は気にしなくなりました。

そして、偶然知ったアインシュタインの言葉に、心に溜まった澱《おり》がすーっと消えていくような感覚を覚えました。

「どうして、自分を責めるのですか？　他人がちゃんと必要なときには責めてくれるからいいじゃないですか」

自分を責めながら必死に頑張ることより、現状に幸せを感じる方がよっぽど大事。人生は、1回だけの神様からのギフト。悩んでもしかたがないことは悩まなくなりました。変えられるコンプレックスは克服し、変えられないものは受け入れる。そして、いいところを伸ばすこと。

やせたときに、現在の私が完成したわけではありません。

スタイルがよくなったからといって、性格が変わって、すべてがポジティブになったわけではありません。今でも発展途中で、これから考え方が変わるかもしれません。

考え方もキレイも、環境や出会う人によって変化する。それでいいのです。

あるとき、10年来の友人がかけてくれた言葉は、私の変化を見抜いていました。「久しぶりに会ったら、雰囲気が柔らかくなって幸せそう。今だから言えるけど、昔は、頑張りすぎててちょっと辛そうだったから、安心したよ」

おデブだった頃と比べて、年はとったけど、今の方が幸せです。スタイルも「絶対太ってはいけない」と思うより、「カラダが喜ぶことをしよう」と思うようになって、自然体でラクにキレイと向き合えています。

いくら外見が美しくても、心が安定しているか、幸せを感じているかまではわかりません。

本当の美人は、外見だけではなく、心も美しいもの。自分を受け入れて、大切にしています。

そして、他人の幸せを願い、感謝の気持ちを持つ。精神的に自立した上で、自分も他人も大切にできるのが本当の美人といえるでしょう。

あなたも私も人生は1回だけ。他人と自分を比べたり、うらやましがる時間をすべて自分のために使うことで、本当の美人になれるはずです。

Beauty words

他人と比べて
勝ち負けを競うキレイは、
辛いだけ。

本当の美人になる

column

05

「無理して自分を変えない」

ダイエットにおいて「意識」を変えようとする人がいますが、それは変えられません。習慣や考え方のクセは、一朝一夕に変えられるものではないのです。決めるのは簡単で、行動に移すのが大変。行動こそが人生を変えます。ダイエットの成功は、わかりやすく自信がつきやすいもの。

多くの人は、やるべきことを頭ではわかっているのです。でも、行動が続かない。それなら、自分を変えること。なんとか行動しようと考える人には、アイデアが湧きます。

私たちは、自分たちが思った通りにできていますから、直感で生きてもいいと思います。人生が有意義かどうかは、他人が決めるのではなく、自分。自分が大事なものは自分にしかわかりません。大事に思うことを優先しましょう。

本当にしたいこと、なりたい自分は、外にはありません。すでにあなたの中にあります。諦めたり、未来を限定するのはやめて、胸を張ってやりたいことをやりましょう。

毎日を少しずつ変えていこう
――おわりに

最後まで読んでいただき、ありがとうございました。

日々のちょっとした選択を見直すこと、選択に理由を持つこと、選択する前に自分に問いかけてみること。そうすることで、何気ない毎日の視点は大きく変わります。

物事は、いろんな側面があり、受け取り方は自分次第。

不幸なことがあったとしても、見方を変えることで「自分に必要だった」と思えるようになります。何か大きな事件が起きたときに、不幸だと捉えるのも幸せだと捉えるのも、個人の自由なのです。

2014年8月、私の人生を変える大きな事件が起こりました。

研修で滞在したフィリピンにて、移動中に、木造階段の底が抜けて3mもの崖から落下し、ケガを負いました。

親切な方々の救助により、命は辛うじて助かりましたが、落下時に右肘を強く打ち、脱臼と骨折。人生初の手術は、海外でした。


右肘に後遺症が残る可能性があり、トレーニング指導が難しくなって、私のマンツーマンレッスンは中止するしかありません。お客様にお詫びの連絡をして、恵比寿にあったサロンは閉店せざるをえませんでした。

人生で一番落ち込んだように思います。全てのことを不幸と感じるようになり、ダイエットの仕事を手放そうとも考えました。


地元である福岡県でリハビリを続け、やっとギプスが外れた頃、病院の待合室で隣に座った女性に「ケガしたのは左肘?」と聞かれました。「右肘なんです」と答え、私はハッと思い出したのです。

私は7歳のときに骨折して、今でも後遺症が残っています。20年以上、私は左手で左肩を触れられず、動きもぎこちないままです。隣にいた女性が、私が左肘をケガしたように見えたのも無理はありません。

左肘の後遺症は私にとって物心ついてからずっと「当たり前」だったので、すっかり忘れていたのです。

でも、このときの何気ない女性の言葉で、視点が変わりました。自分の夢や未来の邪魔をするのは「ケガ」じゃない、「ケガのせいでできない」と決めつける自分の心なんだと気づきました。

事故に遭ったときには、仕事も失い、彼氏もいなくて、未来は闇のように思えました。

でも、皆さんに助けられ、できる範囲で仕事も続けられるように……。

そしてケガをした私を支えてくれた大切な彼との縁があり、「出会って1年の記念日」に婚姻届を提出しました。

人生とは、とても不思議。実際に待っていたのは、闇ではなく、キラキラした未来だったんです。

思い通りにならないことが起きたときは、「変化」のタイミングかもしれません。

仕事や人生に関して、今後どう向き合っていくのかを立ち止まって考えるチャンスだと考えましょう。

日常生活の小さな選択だけではなく、人生の節目になる大きな選択も、毎日を左右するものです。

さて、おデブでおブスだった私が準ミス日本になって、美人をテーマとした本を書いて思うこと。それは、外見も大事だけれど、結局は「その人の心」が一番大事だということです。

外見だけがキレイで人の気持ちがわからない、他人を傷つけるような人は、本当の美人とは言えないと思うのです。傷ついた経験がある人は、他人の痛みもわかるからです。

そして、本当の美人は、自分のためにキレイでいます。気持ちよく毎日を送ったり、自分に自信をもったり、夢を叶える行動に踏み出すことができるから。そして、好きな人に好きと言える自分でいるために、磨きます。

外見だけの美は、メッキです。いつか剥がれ落ちてしまう……。

本当の美人を作る要素は、一つではありません。いろんな要素が複雑に絡み合って、世界で一つの自分らしい美しさに繋がります。

日本を代表する伝統工芸品でもある漆器は、細かい工程を40をも重ねて作られると言われています。丁寧に作られた漆器は、使っていけばいくほど、美しくなるそうです。

同じように、本物の美人は年を重ねるごとに美しさに深みが増していきます。本物が一朝一夕にできるものではなく、時間をかけて作られるように……。

本当は、世の中におブスなんて存在しません。磨き方を知らないだけ。そして、自分から動いていないだけ。

あなたは世界に一人だけなんです。

是非、あなただけのキレイを見つけて下さいね。

一緒に一生続くキレイを磨いていきましょう。

この本が、なにげない選択を見つめ直して、日々の視点を変えるきっかけになりますように。

ダイエットコーチ　ＥＩＣＯ

美容、ファッション、ダイエット、etc.

本当《ほんとう》の美人《びじん》は、あえてこれを選《えら》んでいる

2015年9月10日　　初版発行

著　者……ダイエットコーチ EICO
発行者……大和謙二
発行所……株式会社大和出版
東京都文京区音羽1-26-11　〒112-0013
電話　営業部03-5978-8121／編集部03-5978-8131
http://www.daiwashuppan.com
印刷所……信毎書籍印刷株式会社
製本所……ナショナル製本協同組合
装幀者……菊池祐（株式会社ライラック）

ISBN978-4-8047-0502-6